グローバル時代の教養を
英語と日本語で学ぶ

超訳 武士道
―BUSHIDO―

松本道弘

国際ディベート学会会長
元アメリカ大使館同時通訳者

The spirit of Japan

プレジデント社

はじめに

　武士道——この言葉から、どんなことをイメージするでしょうか。剣道や柔道といった武道、あるいは、ちょんまげに刀を下げた江戸時代のサムライの姿……。明治維新の志士たちを思い浮かべた方もいらっしゃるかもしれません。

　海外では現在、日本の武士道にどのようなイメージをもっているのでしょう。

　大ヒットしたアメリカ映画『ラストサムライ』(原題：The Last Samurai)は、海外から見た日本のサムライを描いています。

　渡辺謙演じるサムライ、勝元は、西郷隆盛をモデルにしているといわれています。貧しい山村に生まれ育った勝元は、明治維新政府に反乱する軍を率いる首領となります。

　そんなサムライ・勝元とのかかわりの中で、大金に目がくらんで日本へやってきた米将校オールグレン（トム・クルーズ）が変わっていく様子をとらえています。

　武士道の懐の広さと、深い精神性、人種を超えてつながりあえる崇高な生き様を、このアメリカ映画は伝えているのです。

　私たち日本人が、過去のもののように感じがちな「武士道精神」に対して、この映画は最大限の敬意を表しています。そして「今こそ世界中の人々は、武士道精神を知り、学ぶべきだ」というメッセージを伝えているように思うのです。

　新渡戸稲造が、英語による著書『BUSHIDO』を執筆したのは37歳のときでした。1898（明治31）年のことですから、日本が華々しく勝利した日清戦争、日露戦争の時代です。

新渡戸が武士道について考えるようになったきっかけは、ベルギーの法学者との会話の中で、「あなたたち日本人の学校には宗教教育がない。いったいどうやって道徳教育を授けているのですか」と聞かれたことでした。新渡戸は即答できないことにショックを受け、考え続けます。

　そしてたどり着いたのが武士道でした。日本人は宗教教育を受けないが、幼いころからさまざまな場面で、人としての正しい道、生き方、善悪の区別などを身につけている。その根幹にあるのが武士道である、というわけです。

　新渡戸稲造の『BUSHIDO』は世界中で翻訳され、日本人の精神的なバックボーンを知らしめました。

　しかし、何しろ19世紀に書かれた本です。英語は難解ですし、21世紀の現在には、いささか古めかしく、とっつきにくい面があることは否めません。

「新渡戸『BUSHIDO』に敬意を表しつつも、『BUSHIDO』を超えたまったく新しいオリジナルの和文と英文によるテキスト、すなわちグローバル時代に突入した今の日本人にしっくりくる、アップデートされた武士道解説書が必要なのではないか」――これが本書の執筆動機であり、「超訳」の趣旨です。

　私は人生を英語、ならびにディベート教育に捧げてきました。同時通訳を務めるかたわら、英語学習やディベートに関する書籍を150冊以上刊行し、現在もインターネットTV（NONES CHANNEL『GLOBAL INSIDE』〈旧題・『TIMEを読む』〉）のニュースキャスターを務めるなど、英語にかかわっています。当然、海外の人々と接する機会も少なくありません。

そんな私が、なぜ武士道の本を書こうと思い立ったのか、説明しておきましょう。
「英語を究めよう」とこころざす私が常に座右に置き、迷ったときに立ち返るのが、宮本武蔵の『五輪書』です。武士道の教科書ともいえる『五輪書』と、英語教育。にわかには結びつかないかもしれません。
　しかし20年ほど前から、「英語を学ぶことは同時に日本語を学ぶこと。さらに突き詰めていくと、日本人の精神の分野にまで立ち入って学ぶことなのではないか」と考えるようになりました。
　そして私の精神のバックボーンには、まさしく新渡戸稲造が感じたのと同様に、武士道があることに気がつきました。そのとき、英語と武士道が、私の中で完全に融合しました。それ以来、英語の研鑽と同時に、武士道について調べ、考え続けることになりました。本書がその集大成です。

　今、世界中が武士道精神に注目し、再評価しようとしています。映画『ラストサムライ』はその顕著な例のひとつでしょう。
　しかし、当の日本人が武士道を過去のもののように感じてしまっている側面があります。そして、学ぼうとしても、そのためのテキストが、新渡戸稲造の『BUSHIDO』しかないというのは残念なことです。
　武士道は、私たち日本人が、知らず知らずに育んできた、豊かな精神性です。それはけっして過去のものではありません。また、特別な場面にだけ必要とされるものでもありません。
　国と国という壁は、インターネットの出現によって、確実に取り払われようとしています。武士道を再確認することで、私たち

のアイデンティティに自信をもち、世界と渡り合っていくべきだと思うのです。

　本書は、グローバルに活躍する日本人を想定して、若い読者にもストレスなく読んでいただけるようにこころがけました。
　できるだけ平易な表現で武士道精神を簡潔に解説したうえで、「使える英語」による表現も添えました。
　たとえば「腹八分目」という言葉や概念を、どう英訳したらいいのか、多くの人はとまどうことと思います。「We have to keep our stomach 80% empty.」では、言葉の背景の意味が伝わりません。しかし「Less is more.」といえば、伝わるはずです。武士道精神は英語でも表現できるのです。
　たとえば海外の企業との大きなプロジェクト推進にあたって、英語によるタフな交渉の末に、お互いに納得のいく成果をあげることができたとします。そのときに外国人のパートナーと固い握手を交わし、相手から感謝と尊敬をこめて「あなたはサムライ・ビジネスマンです」という言葉をもらえる——そんなシーンを想像しながら執筆しました。

　武士道は私たちの中に、間違いなく存在しています。本書を通じて、あなたの中に秘された、そのけがれなき精神がむくむくと姿を現すはずです。そしてそれを自覚し、表現し、使いこなせるようになるはずです。
　そして武士道精神が広まることによって、世界中がもっともっとよくなることを、心から期待します。

著者

Contents

はじめに ——————————————————— 2

第1章
武士道の根幹 Foundation of Bushido

- 01 武士道精神 Samurai's integrity ——————————— 12
- 02 心がまえ Spiritual backbone ——————————— 14
- 03 義 Rectitude ——————————————————— 16
- 04 共生 Symbiosis ——————————————————— 18
- 05 正義 Win-win-win justice ——————————— 20
- 06 仁 Compassion ——————————————————— 22
- 07 崇高なる使命 The noble mission ——————————— 24
- 08 礼 Disciplined politeness ——————————— 26
- 09 忠義 Serving the master ——————————— 28
- 10 徳 Magnet ——————————————————— 30
- 11 誠 Sincerity ——————————————————— 32
- 12 武士に二言はない My word is my bond. ——————— 34
- 13 名誉と恥 Honor and shame ——————————— 36
- 14 忍 Perseverance ——————————————————— 38
- 15 気概 Spirit ——————————————————— 40
- 16 武道とスポーツ Martial arts and sports ——————— 42
- 17 惻隠の情 Empathic feelings ——————————— 44
- 18 敵に塩を送る Send salt to the enemy line. ——————— 46
- 19 武士の情け A face-saving out ——————————— 48

20	推譲 Mutual give	50
21	もったいない Mottainai-stoicism	52
22	母性的な陰徳 Good Samaritans with mothers' love	54
23	無条件の愛 Unconditional love	56
24	無私 One in All, All in One	58
25	ノブレス・オブリージュ Noblesse oblige	60

第2章
武士道における勇 The courage in Bushido

26	士気 Morale	64
27	道 Moral compass	66
28	修練 Practice. Practice. And practice.	68
29	行 Uninturrupted practice	70
30	山ごもり Hiding out deep in the mountain	72
31	独行道 Self-reliance	74
32	塩 Saltiness	76
33	質実剛健 Chivalrous spirit	78
34	空気 Pheromone	80
35	世間の目 Other people's eyes	82
36	ゼロ Zero to one	84
37	気合 The art of Kiai	86
38	切腹 Seppuku: The freedom of Bushido	88
39	潔さ Graceful acceptance of death	90
40	死生観 Life and death as two sides of a coin	92
41	生きる Living on, dead or alive	94

42	術は道を求めよ Seek the principle in techniques.	96
43	克己 Self-control	98
44	残心 Open attention	100
45	敗者は潔く Lose gracefully	102

第3章

武士道を支える思考 Guiding Principle of Bushido

46	ハラ The gravitational center	106
47	腹八分目 Less is more	108
48	清濁併せ呑む Stomach it	110
49	ハラで聞く Listen from the center	112
50	究論 Heuristic debate	114
51	二心を抱かない No double mind, no double tongue.	116
52	両極を併せ持つ Bipolarity of Bushido	118
53	静中動あり Tranquility pregnant with explosiveness	120
54	恥を恐れない Living with shame	122
55	無我 Selflessness	124
56	眼力 The power of the eye	126
57	逃げない Fearlessness	128
58	敵になる Becoming your enemy	130
59	無心 No mind	132
60	品性 Humility	134
61	志 Noble mission	136
62	誠実な謝罪 Sincere apology	138
63	中庸 The golden mean	140

64 知と情 Information and intelligence ——————— 142
65 霊性 Spirituality ——————— 144

第4章
武士道と生活・文化 Bushido, life and its culture

66 火山と母性 Volcanic motherhood ——————— 148
67 母性 Motherhood ——————— 150
68 海女たちの情 Female divers' empathy ——————— 152
69 サムライの妻 Unsung Samurai women ——————— 154
70 文武両道 The pen and the sword ——————— 156
71 元服 The Samurai rite of passage ——————— 158
72 刎頸の友 Sworn frenemyship ——————— 160
73 海の気概 Seafaring nation's Samurai spirit ——————— 162
74 郷土 Samurai are territorial. ——————— 164
75 刀 The sword ——————— 166
76 固定は死 Settle, and you die. ——————— 168
77 胆略 Visceral strategy ——————— 170
78 武士は食わねど高楊枝 Samurai accept less as more. ——————— 172
79 サムライの泣き所 Samurai's Achilles heal ——————— 174
80 回復力 Resilience ——————— 176
81 天才 Resourceful Samurai ——————— 178
82 面目を取り戻せ Where has Samurai's self-esteem gone? ——————— 180
83 「ネオ武士道」の誕生 The birth of neo-Bushido ——————— 182

おわりに ——————— 184

武士道

Foundation of Bushido

の —— 第1章

根幹

01
Foundation of Bushido

武士道精神
Samurai's integrity

武士道の行動規範は
「ウソをつくな」
「ならぬものはならぬ」と、
単純明快です。

ウソをつくこと、二枚舌を使うことは、サムライの倫理に反します。サムライは、裏表がなく、正直で、まっすぐです。サムライの良心とは、自分の中に潜んでいる他人の目のことで、何よりメンツを大切にします。

　サムライは集団の良心で考え、集団で感じ、集団で行動します。仮想のゲームをするような身勝手な感覚はありません。リアルな人のため、道や真実のために駆け引きなしの勝負に挑みます。正直さは**武士道精神**の一端なのです。

Double talk goes against the ethics of Samurai. Samurai, persons of integrity, are honest, straightforward and loyal. Samurai, face-conscious group-thinkers, group-feelers, do not believe in playing games; they are for real. Games are played by the individuals with egos. It takes ego-free Samurai to play for real. Honesty is part of **Samurai's integrity**.

The Essence of Bushido

明治維新の志士を育てた薩摩の郷中（ごじゅう）教育、そして白虎隊を育てた会津の日新館は、若者たちに早くから武士道教育を施していました。NHK大河ドラマ「八重の桜」で有名になった「ウソをつくな」「ならぬものはならぬ」といった会津藩の教えのような、単純明快な精神が、今の日本の教育には欠けています。しかし、それこそが古来、日本人が育んできた精神性、武士道の中核で燃えさかる思考であるはずなのです。

02
Foundation of Bushido

心がまえ
Spiritual backbone

サムライは、筋を通します。
信念を曲げず、勇気を持ち、
小さなことに執着しません。

サムライとはまず、筋を通す（principled）人、ぶれない人。途中でギブアップしない豪気な人。2番目に、信念のある人。志の高い人。3番目に、リスクをとる勇気がある人。大胆さこそが武士道の勇気です。

　そして4番目に執着心がない人。カネやモノだけでなく、名誉にも執着しません。

　その無我の心こそサムライの**心がまえ**なのです。

First, Samurai act on principle. They are unshakable. They never give up on the way. Second, they are always principled. Samurai live for higher purpose. Third, Samurai are fearless risk-takers. And forth, Samurai have no obsessions: money, fame, or social recognition. The proof of selflessness is **spiritual backbone** of Samurai.

The Essence of Bushido

日本人は敗戦後、欧米の物質主義的な文化を、カッコいい（cool）とみなし、旧来の武士道精神をダサい（uncool）と考えるようになりました。島や村を捨て、陸や町のライフスタイルを賛美し、カネとモノが集まる都会へなだれ込みました。しかし戦争で負けたからといって、日本より欧米の価値観のほうが秀でているということにはなりません。日本文化の不朽の美といえる、武士道という精神的支柱を失ってはなりません。

03
Foundation of Bushido

義
Rectitude

「利」よりも「義」。
独り占めせず、思いやりの心を忘れず、
必ず仲間たちと共食するのが
「ともいき」という精神性。

「**義**」を意味する英単語「rectitude」は、「清廉潔白」、「正しい」を意味するラテン語「rectus」に由来します。サムライは正しく考え、正しい行動をします。サムライは共存共栄の自立心を貫くため、共生をします。

ダーウィンの概念「適者生存」とは対照的に、サムライは経済的にも共生してきました。すべての武士は、互いを尊重し、ともに主に忠義を尽くして生きてきたのです。

Rectitude derives from Latin "rectus", meaning right. Samurai think and behave right. Samurai, commited to communal life, live and let live. Samurai thrive in sharing economy, as opposed to the Darwinian principle of the survival of the fittest. All Samurai, enjoy serving each other as well as their symbolic masters.

The Essence of Bushido

かつて日本人は、環境を破壊して文明化に走る都会よりも、自然環境と共に生きる村を愛しました。そこから、「義」を重んじる武士道が生まれたのです。村に対する「忠」、親に対する「孝」、そして、仲間に対する「信義」、弱者に対する「惻隠（そくいん）の情」——これらの武士道の精神は、村を守るためなら、ときには「自らの利（What's in it for me?）」を犠牲にする美学、すなわち運命共同体を支える「無私の精神（We're in it together.）」です。

04
Foundation of Bushido

共生
Symbiosis

サムライの「ともいき」精神は、
アリにたとえるとわかりやすいでしょう。
欧米のハチ的な生き方とは対照的です。

アリは、通常は複数でグループをつくって行動します。一方ミツバチも、チーム・プレイヤーです。しかし、各々のハチは「個」です。ハチは、一匹でも敵を刺し殺すのですから。

　ハチの社会は垂直です。トップに女王バチ、その下に兵士、その下に奴隷。それに対し、アリ的なサムライの社会は水平です。サムライ同士に上下関係はありません。お互いに尽くし合うのです。アリのような共生(ともいき)こそが、サムライの思考です。

Ants live a symbiotic life. They work in groups. Bees are also team players. But each bee is an individual. A single bee is enough to kill an enemy. Ants are horizontal, while bees are vertical. A queen bee on top, soldiers below. And down at the bottom, are drones serving like slaves. None of the Samurai (marching) ants is a slave; everyone is a proud Samurai, serving and counting on one another. **Symbiosis** is a theme of Samurai, just like ants.

The Essence of Bushido

このような共生関係は、天皇家を護る武士の姿に通じます。サムライたちは南朝の天皇を死守せんと忠勤に励みました。菊池家の忠臣の鑑といえる西郷隆盛は、強力なアゴ（敵を噛む兵器）をもつ軍隊アリのリーダーでした。楠木正成も、南朝に忠義を尽くして殉死した進軍アリでした。

05
Foundation of Bushido

正義
Win-win-win justice

日本人は、空気に裁かれる
特異な精神風土をもっている。
ロジックよりフィーリングの国民。

「正義」とは、黒または白、有罪か無罪の二分法です。「どちらかひとつ」という考え方です。したがって論理的な矛盾を抱えることもあります。

しかし武士道で重要視される「ハラ（the gravitational center：心の重心。いわばフィーリング）で考える正義」は、橋の下を流れる水のように、当事者全員を納得させることができます。「ハラ」の理屈によれば、恋愛でも戦争でも喧嘩両成敗です。これこそが、サムライの三方よしの**正義**なのです。

Justice is black or white, guilty or not guilty. Two wrongs don't make a right. Justice lends itself to a logical trap. There's a limit to mind-justice. Hara-justice, unable to dichotomaize, lets go of the verdict like water under the bridge. Hara logic says: all's fair in love and war. This is a **win-win-win justice** of Samurai.

The Essence of Bushido

どちらの道も悪であれば、より悪の少ない道を選ぶというのが、ギリシャの論理学で言う「チョイス・オブ・レサー・イーヴル（choice of lesser evil）」。欧米では日常会話でもよく耳にする言葉です。このような二者択一論法は日本では冷たいとされます。日本の温情判決のモデルに三方一両損という裁きがあります。欧米人には理解しにくい考え方かもしれません。

06
Foundation of Bushido

Compassion

「仁」は、
水のように武士道に流れる、
惻隠を慮るハート。

義が火だとすれば、仁は水です。道徳（義）は熱い情熱を発し、義憤となります。一方、感情（仁）は、慈悲や徳を引き出します。

　義を火、仁を水にたとえると、武士道精神がより視覚的に理解できるでしょう。

　そして火と水は正反対のように見えますが、ときに化学反応を起こすことがあるのです。

If righteousness (Gi) is fire, **compassion** (Jin) is water. Moral commitment fires up passion, but heart shares emotions to bring out benevolence or virture. Since Chinese characters are too metaphysical, albeit meaningful, I've decided to use nature's metaphors instead, to make them more visually comprehensible. Fire and water make an ephemeral chemistry.

The Essence of Bushido

新渡戸稲造は『BUSHIDO』の中で、「仁」を「benevolence」とさらりと訳しています。しかし武士道における仁とは、さらに深い思いが込められています。仁愛 (benevolence) は世界中のどの国にもあります。武士道の根幹にある、孔子や孟子が説いた、民を治める者の必要条件である「仁」とは「義」と対照的なものだと考えるとわかりやすいでしょう。『BUSHIDO』に「仁に過ぐれば弱くなる。義に過ぐれば固くなる」という伊達政宗の言葉が紹介されています。「仁」と「義」は、火と水のようにお互いに補い合う関係なのです。

07
Foundation of Bushido

崇高なる使命
The noble mission

生死を賭しても守り抜き、
勝ち取るべきものは仲間の仁義。
それには志の支えが肝心です。

1837（寛永14）年、天草において島原の乱が起きました。このころ当地では、切支丹迫害と並行して、苛政（重税）が強行されていました。大干ばつ・凶作による飢餓に耐えかねた農民たちが立ち上がって一揆を起こしたのです。

　この一揆の盟主が、当時16歳の美少年、天草四郎時貞でした。四郎は「天地同根万物一体、一切の衆生貴賤を選ばず」と説きました。

　これこそが島原の乱における、**崇高なる使命**でした。

The Rebellion of Shimabara in 1837 is unique, in the sense that hungry farmers rose against the oppressive government, armed themselves with the Christian doctrine of egalitarianism. The bloody battle under a young hero, Amakusa Shiro, was fought to the bitter end with the flag of benevolence, costing them dearly, lives of 10,000 rebellious souls. What a high price for **the noble misson**!

The Essence of Bushido

江戸時代の末期に起こった、日本で最大の一揆である島原の乱は、単なる農民切支丹民衆の反乱ではありませんでした。仁政なき領主の権力に歯向かった、「仁」を求めた戦いだったのです。島原・天草両勢力あわせて3万7600人。これに対する幕藩連合軍は、12万人。一揆戦闘員約1万人が獄門の刑に処せられました。「仁」には、そこまでの思いが込められてきた歴史があるのです。

08
Foundation of Bushido

礼
Disciplined politeness

究極の礼には、
相手に対する揺るぎない思いやりという
裏付けがなくてはなりません。

辞書をひけば、礼とはエチケット、礼儀と定義されるでしょう。それらに共通するのは丁寧さです。

日本のテレビで謝罪会見の様子が繰り返し流れます。頭を深く垂れ、丁寧な言葉を使ってはいますが、本物の礼だと感じられるでしょうか。礼とは、修練によって身につくものです。おもてなし (hospitality) は奥深く、心の底から生まれるものです。修練された本物の礼には、エレガンスや品性が態度になって表れるものです。

The dictionary defines "Rei" as etiquette, civility, courtesy, manners. And the common denominator is politeness. If you think Japanese manners are inclusive of a polite apology with deep bows by corporate executives, you see on television, you are just scratching the surface of real politeness. Only **disciplined politeness** is real. The real Omotenashi (hospitality) comes from the heart, deep down. Elegance or grace is an attitude.

The Essence of Bushido

武士道が求める優雅な作法とは、内に蓄えられた力のことです。他人の感情に対する優しい気持ちです。まさに礼の作法とは、活火山が休止状態にあるときのような、秘めたる力のことを指すのです。怒りを隠さない桜島の「動」ではなく、静かに眠っている開聞岳のような「静」こそが礼の象徴といえます。

09
Foundation of Bushido

忠義
Serving the master

日本人の文化とは、
「表」のリーダーに陰で仕え、
隠匿を愛でる「裏」を美化する文化。

軍の指導者と参謀は、磁石の両極、もっとわかりやすくいえば一枚のコインの裏表のような関係です。共通のミッションや利他的な動機、つまり「志」を軸とした、陰と陽のように表裏一体となる両者を結びつけているものが**忠義**です。

　サムライのリーダーが「表」（目に見える）である場合、陰にいるサムライは「裏」（見えない）です。しかし、陰の参謀（servant leader）の「裏」の力を過小評価してはいけません。

The military leader and his strategist "Sanboh" are two sides of one coin, rather the two poles of the horse-shoe magnet. They are inseparable, like yin and yang, revolving around their common mission or unselfishly-motivated "Kokorozashi." It's the spirit of **serving the master**. If the Samurai leader is "Omote" (visible), the shadow Samurai say, *Ninja* is "Ura" (invisible). But don't underestimate the Ura power of the servant leader.

The Essence of Bushido

そもそも「サムライ」という言葉は「仕える」を意味する古語、「さぶらう」に由来します。西洋の騎士は、闘う人としての「職能」であり、「機能」です。その魂は、まさに「もののふ」の勇猛心に通じます。ところが、武士道精神は、闘士としての魂にとどまらず、その殻（掟や法）を破らんとする気概が炎上することがあります。それが「やむにやまれぬ大和魂」です。

10
Foundation of Bushido

徳
Magnet

有徳の士とは、武士道を支える
磁石の原理 (magnetic principle) から
離れない、魅力のある人物のこと。

リーダーには、乾電池タイプと磁石タイプの2種類があります。乾電池リーダーは、部下を選びます。磁石リーダーは、部下を選びません。乾電池リーダーは、部下を競わせることでランク付けします。磁石リーダーは「ランク付けなんて意味がない」と考えます。そして本当に決断し、動かなければならないときには、部下の中からランダムに同士を選びます。サムライの本当の武器は、磁力。地位や立場を超えた人間力、すなわち徳なのです。

There are two types of leadership: (dry cell) battery-type and magnet type. Battery leaders choose followers. Magnet leaders, by and large, are non-choosers. Battery leaders love to compete to see if they are higher-ranking or lower-ranking. Magnet leaders are not amused, murmuring "Ranking sucks." Magnet types attract anybody, from all walks of like, and randomly expel them when they really have to. Samurai prefer to be **magnets**, substance over style.

The Essence of Bushido

徳には、両端にN極とS極をもつ磁石のような側面があります。磁力には少し離れても引き寄せ続ける反響（reverberations）があります。また、磁力を帯びた釘は他の釘をも引きつけます。これが徳です。「清濁併せ呑む」とは、器が大きく徳のある人を指します。そして、人を引き寄せる隠然としたパワーをも含みます。

11
Foundation of Bushido

誠
Sincerity

感情の表現は極力抑えながらも、
言うべきときは、自分の言葉で
真実を伝えなければなりません。

「四書」の一つ『中庸』の中で、孔子は「誠がすべてのものごとの始まりと終わりを定める。誠がなければ、ものごとは成り立たない」と主張したとされています。

誠とは「言が成る」と書くように、ウソをつかないということです。サムライは「言葉を成す」ことを重要視したのです。誠のある人とは、まず正直であり、次に礼儀をわきまえている人のことです。

Confucius identifies sincerity with the divine, in the doctrine of the mean, arguing, "Sincerity is the end and the biginning of all things; without sincerity there would be nothing." Why? The Chinese ideogram for **sincerity** means "Word" as "Perfect." Sincer persons are truthful first, polite second.

The Essence of Bushido

サムライは第一印象で相手を判断しません。宮本武蔵が『五輪書』でしばしば強調していることは、「長い刀を使う人、つまり肩書やルックスで相手の視覚に訴えようとする人は、すべて弱者である」ということです。真の強者は第二、いや第三印象で判断します。スタイルではなく、中身（substance）で、相手のハラ（中心）を読むために、あえて時間をかけるのです。

12
Foundation of Bushido

武士に二言はない

My word is my bond.

弁明は、
「食言（前に言ったことと違うことを言うこと）」に
等しく、
武士道精神からは外れた行為です。

今日、話し言葉が信用されず、文書にしてはじめて信用される傾向があるように感じます。サムライは目を見て、相手を信頼します。一度信頼したら、すべてを信じます。弁護士ならば「それはあぶない！　書面にするまで信用してはなりません。口約束はダメです。文書です。それまでは何も信じてはいけません」と言うでしょう。

しかしサムライは違います。「私の目を見てください。そして信じてください」と言うのです。一度、口にした言葉に責任をもつ。それが**「武士に二言はない」**の意味です。

It's a pity that people today don't trust spoken words and instead trust only when it's in writing or in print. Samurai look you in the eyes and trust you. Once he trusts you, he believes everything you say. "Dangerous." Every lawer cautions, "Ask him to put it in writing. Be suspicious. Don't believe anything he says. Nail him in writing." Samurai say, "Read my eyes. Trust me. **My word is my bond.**"

The Essence of Bushido

イギリスの金融街（シティー）筋では「武士に二言はない」によく似た使い方で「My word is my bond.（私の言葉は私の債券だ）」と言います。ボンドとは、債券であり、換言が許されない言質のことです。いったん言葉を質に入れてしまえば、それなりの利子を付けないと質請けできません。日本のサムライは、言葉やまなざし、態度といったもので相手を信用したのです。

13
Foundation of Bushido

名誉と恥
Honor and shame

サムライが恐れるのは、
罪より恥。

名誉と恥はコインの裏表といえます。欧米人が「お金じゃない。筋の問題だ」といきまいているのを耳にすることがあります。

サムライなら「これは私のメンツ（名誉）にかかわることだ。お金でころぶことは、自らの恥をさらすことになる」と言うでしょう。心を悪魔に売ることは、公衆の面前で恥をかかされるだけでなく、公開処刑を受けるに等しいのです。

Honor and shame are two sides of one coin. I can hear Westerners argue, "It's not about money. It's just the matter of principle." Samurai would argue, "It's the question of honor." To sell out is to "shame yourself" in public. Selling your honor out to the devil is not just to put yourself in bad light but to be prosecuted and laughed at by the eyes around (Seken-no-me).

The Essence of Bushido

名誉を大刀とすれば、恥は小刀（脇差）に相当します。脇差は恥をかかされたときのみじめさから脱出するために用意された、切腹用の武器なのです。かつて自己責任の作法の中で、切腹ほど名誉であり、効果的で極限的なものはありませんでした。『Shame and Guilt』の著者であるジューン・プライス・タングニーとロンダ・L・ディーリングは、恥とは「あの、とんでもないことをやってしまったのは私だ」と認めることだが、罪は「あの、とんでもないことを行ったことを愧（は）じる気持ち」だと言っています。

14
Foundation of Bushido

忍

Perseverance

サムライは常につらさと対峙します。
そこで学んだのが、
「忍」の一字なのです。

日本のサムライは、自らの郷土を離れることを恥だと考えました。自分たちの郷土を死守したのです。そして同郷の死者を御仏（みほとけ）として祀り続けます。それがサムライの姿です。サムライは、簡単に自分の郷土を捨てないのです。それはときにつらいことです。決して楽な選択ではありません。しかしサムライは、ぐっとこらえて現実に立ち向かうのです。それが**忍**です。

Japanese Samurai consider it a shame to give up easily thier homeland. They proved themselves by behaveing themselves in the disciplined manner like Samurai. Samurai don't abandon their position or status easily. It is sometimes painful. It is never an easy choice. But Samurai, stand up to reality much endure. It is **preseverance**.

The Essence of Bushido

江戸時代のサムライは、笠張りをしたり、スズムシを飼育して売り歩いたりと苦労したものです。戊辰戦争に負けた会津の藩士たちは、明治政府から北海道の開拓のために半ば棄民として放り出されました。しかしいくら貧しくとも、プライドは失わず、武士としての矜持だけは死守したのです。サムライはいくら誤解されても、めったに自己弁護はしません。忍の一字です。しかし、この忍という限界を超えた瞬間、日本のサムライは、突然、死を恐れない「もののふ」に戻るのです。

15
Foundation of Bushido

Spirit

魂(soul)を失った日本人に必要なものは、
武士道の気概(spirit)です。

2005年に藤原正彦氏による書籍『国家の品格』がベストセラーになって以降、品格という言葉がもてはやされているようです。しかし、離島を巡ると島民たちは「品格？　聞いたことがない」と言います。「それは**気概**ではないですか？」

　気概とは、自分たちの島、国を愛する精神のことです。品格とはニュアンスが異なります。もっと燃え上がるような情熱があるのです。武士道には気概が求められます。サムライや芸術家が求めているものは、品格ではなく気概です。

Big-city people in Japan love the magic word *Hinkaku* when it is translated as dignity, but islanders off the mainlands shake their heads in disbelief, saying "Hinkaku? Never heard that. Why not Kigai (**spirit**)?" The love of your island or nation is spirit. If Hinkaku is the form, it has to submit to the spirit. Martial art is an art. The term "dignity" to the martial arts and the guiding spirit behind them are not mutually exclusive.

The Essence of Bushido

新渡戸稲造は『BUSHIDO』のサブタイトルを「The soul of Japan」としましたが、今の日本人に必要なのは「The spirit of Japan」なのです。「品格」と同様に、「soul」というキーワードは「固定」を感じさせます。その固定された魂を炎上させる「気概（spirit）」が、今こそ必要なのです。

16
Foundation of Bushido

武道とスポーツ
Martial arts and sports

敗者を讃え、
不正があれば勝ったチームが、
敗れたチームに勝利まで譲ってしまうのが、
サムライの真骨頂。

スポーツの世界では、勝者がガッツポーズをして、観衆に喜びを仰々しく表現する行為は、マナーはともかくとして、ルール違反ではありません。しかし武士道では3つの点から戒められています。1つ目は勝者の傲慢。2つ目は、敗者への思いやりの欠如。3つ目は、勝った瞬間に起きる油断です。勝ってもなお臨戦態勢を解かず、集中力を切らさないことを残心といいます。勝利の直後に隙ができます。武道は単に勝ち負けを争うスポーツではありません。生死を賭けた戦いなのです。**武道と**スポーツの違いは、そこにあります。

Showing a victory sign after winning in any body contact sport is considered a poor form for three reasons: First it means a showmanship (winner's arrogance), second lack of empathy for the loser, and third the absence of uninterrupted combat-readiness (Zanshin = open attention). Letting a guard down after victory could mean death for winners. Beware, losers down but not out. What matters to real-sword fighters is not win or lose, but live or die. The difference between **martial arts and sports** is real.

The Essence of Bushido

新渡戸稲造が『BUSHIDO』を執筆したのは、1898（明治31）年。日本が勝利した日清戦争と、日露戦争に挟まれた、恵まれた期間です。その時代背景においては重視されなかったものの、今こそ注目すべきなのが、武士道ならではの気概。それはスポーツとは根本的に異なるものなのです。

17
Foundation of Bushido

惻隠の情
Empathic feelings

他人
──たとえそれが敵であれ──
に対する「共感」は
平常心から生まれます。

「同情 (sympathy)」は、他者の「ために」感じるもの。「共感 (empathy)」は、他者と「ともに」感じるもの。

サムライの「共感」は、禅や芸術に通じる美学です。そこには「型」と「気概」があります。

それが惻隠の情と呼ばれるものです。

Sympathy is a feeling *FOR* others, while empathy is a feeling *WITH* others. Empathy with Samurai has aesthetic values, considered critical for Zen and art: an identification of form and spirit. That's called **empathic feelings**.

The Essence of Bushido

「惻隠の情」は、相手への感情移入にもとづく武士道の「美」のひとつです。盛者必衰の理——そこにこそ「もののあわれ」があるのです。「もののあわれ」を知るサムライは本来、詩人です。武士道を「美学」と結びつけることが多い理由はそこにあるのです。武士道は西洋のロジック「AかBか (either A or B)」では解明できません。「AもBも (both A and B)」という、「磁石の両極思考」で把握しなければならないのです。

18
Foundation of Bushido

敵に塩を送る
Send salt to the enemy line.

たとえ敵であっても、
相手を思いやる気持ちは国境を越え、
時や場所を超えて存在する。

情熱が火だとすれば、対極は水です。熱情的な戦士は戦場において「敵を殺せ！」と叫ぶ一方、冷静な戦士は「心をなくしてはいけない。窮乏する**敵に塩を送りなさい**」と言うでしょう。

この「正義の塩（義塩）」は、日本のサムライの「惻隠の情」の象徴として知られています。これは、いつでもどこでも起きるわけではありません。生死を分かつ、究極の状況だからこそ自然に湧き出るものなのです。

If passion is fire, compassion is water. If a fire guy says; "Kill your enemy," a water guy talks him out of it, saying ; "Have a heart. **Send salt (life provisions) to the enemy line**." This righteous salt has been known in Japan as a proof of a Samurai's empathic gesture. This should not happen in any athletic event, but it does happen once in a blue moon or in a life-or-death situation.

The Essence of Bushido

「敵に塩を送る」という言葉は、戦国時代に上杉謙信が、敵将武田信玄の領国の甲斐が塩不足に苦しんでいるのを知り、越後から塩を送らせたという故事にもとづいています。このように敵の弱みに付け込まず、逆にその窮状を救うという「惻隠の情」は、単なるフェアプレイの精神とは次元が異なります。生死を争う状況であっても相手を思いやる、懐の深さがあるのです。

19
Foundation of Bushido

武士の情け
A face-saving out

敗走する敵を追い討ちするのは恥。
自分を犠牲にしても、
相手を尊重するのが武士の潔さです。

昭和天皇は、敗戦後、マッカーサーに対してこう言われました。「私のことはどうしようとかまわない。しかし、どうかわが国民を殺したり、無下に扱うことはしないでほしい」。

　天皇は自分を生かすことを請うたのではありませんでした。国民に、**武士の情け**をかけてくれと頼んだのです。天皇はまさに、飢えた子どもたちを助ける立派な父親のようにふるまいました。これが武士道です。

Emperor Hirohito, representing defeated Japan, said to General Douglas MacArthur(GHQ of a victor nation); "You can treat me any way you can. You can even hang me. But don't strave my people to death, begging you." The Emperor didn't beg for life; he just wanted **a face-saving out** for his people. He behaved like an honorable father of hungry Japanese children. Now, that's Bushido.

The Essence of Bushido

パラシュートで降下する敵軍パイロットを射撃したゼロ戦の戦闘員は、「貴様は武士の情けを知らないのか」と罵倒されたそうです。これが、武士道が尊ぶ惻隠の情です。「オレたちはサムライだ」と自覚していた特攻隊員は、断じて自爆テロリストではありません。たとえ最大のチャンスであったとしても、背中を向けた相手を攻撃しない。そんな武士の美学をもっていたのです。

20
Foundation of Bushido

推譲
Mutual give

ギブ・アンド・テイクではなく、
ギブ・アンド・ギブ。
自分がギブすれば相手もギブする、
互譲がサムライの意地。

推譲(すいじょう)とは、受けるより与えるほうが尊いということです。ギブ・アンド・テイクの関係ではありません。何かを得るために与えるのではなく、まず他者に与えるのです。そこに見返りを求める気持ちがあってはなりません。

　なんらかの下心や思惑といった己を捨て、すすんで与える。赦し、忘れて、与えるのです。

Mutual give is more blessed to give than to receive. It isn't just give and take. It's never to give to get. To give is to give of yourself. Let go of yourself to give, without any ulterior motive to get it back in return. Give, forgive and forget.

The Essence of Bushido

二宮尊徳が説き広めた経済思想・経済学説である報徳思想の根幹をなすもののひとつに「推譲」があります。富や地位、名誉などをこころよく他者に譲る精神です。この考え方は、渋沢栄一、安田善次郎、紀伊國屋文左衛門、豊田佐吉、松下幸之助ら実業界の重鎮に並々ならぬ影響を与えました。また、ラスト・サムライと呼ばれる軍人哲学者の西郷隆盛も、尊徳の農村復興法に関心を示し、実際に鹿児島で報徳思想を実践していました。

21
Foundation of Bushido

もったいない
Mottainai-stoicism

自らを「減らす」覚悟をもち、
人が捨てるものを再生し、
それを与えるのです。

「もったいない」の精神とは、無駄遣いをしないということですが、3つの「R語」から成り立っています。「reduce（減らす）」「recycle（再生）」「reuse（再利用）」です。

伊勢神宮の遷宮の際には、1万本以上のヒノキ材が用いられますが、それらの木はすべて「もったいない」精神のもと、20年ごとに再利用されています。

木材だけではなく、こうした知恵もまた、年寄りから若者へと引き継がれ、再利用されているのです。

Mottainai-stoicism is the opposite of wasteful attitude. If consists of three Rs. Reduce, recycle and reuse. Remember how sacred trees are cut down for the reconstruction of the Ise Shinto shrines, both inside and outside. These trees are reduced, recycled and reused every twenty years. Can a case be made, then, that aged persons with wisdom, if not with knowledge, can be rejuvenated and reused.

The Essence of Bushido

二宮尊徳は、「むかしより人の捨てざるなき物を拾ひ集めて民に与へん」と言っています。人が捨てたと同然のものを再生して、民に与える、という意味です。まさに今、世界が注目している「もったいない」の精神です。

22
Foundation of Bushido

母性的な陰徳
Good Samaritans with mothers' love

サムライが有する無条件の愛とは、
母性的です。
産んだ子どもはすべて平等に扱う、
母親の分け隔てのない愛に似ています。

西洋の騎士道と異なり、日本の武士道には母親の無条件の愛に近い、見返りを求めない母性的な愛があります。父親の愛は巨大ですが、見返りを求めます。たとえば「家を継ぐ」という条件付きで息子や娘に期待します。

　しかし母親は一切の見返りを求めません。母親はどんなことがあろうと、血肉が通う子どもたちを見捨てることはありません。それこそが**母性的な陰徳**なのです。

What sets Bushido apart is that Japanese Bushido, unlike Western chilvarly, is characterized by mother's unconditional love. Fathers' love, by and large, is conditional. Fathers' tough love demands he get the right son to step into his family buisiness, where's mothers' soft love expect any child, son or daughter, to inherit their family tradition. Mothers never abandon their flesh and blood, no matter what. It's a **good Samaritans with mothers' love**.

The Essence of Bushido

敵は倒すもの。そして勝ちを譲ってはならぬというのは、戦争でもスポーツでも同じでしょう。「take」が最終目的なのです。実社会でも「give and take」が常識です。ところが、武士道の精神風土は「give and give」という、見返りを期待しない陰徳を尊ぶのです。それはまさに母性的であるといってもよいでしょう。

23
Foundation of Bushido

無条件の愛
Unconditional love

勝者は驕ることなく敗者を労り、
その健闘を讃えます。

戦艦「雷(いかずち)」の艦長・工藤俊作はサムライの中のサムライ、そしてまさに男の中の男でした。

　敗者への労いと尊敬の精神で、1942年、撃沈され漂流する敵軍・イギリス海軍兵を多数救助したのです。

　これこそ**無条件の愛**です。

Kudo Shunsaku of the Battleship "Ikazuchi" was Samurai's Samurai, men's man, a hero to be worshipped not just by British sea men saved from drowning but by any soldier the world over with the heart of aristocratic gentlemen, self-inficted with noblesse oblige in 1942. That's **unconditional love**.

The Essence of Bushido

恵隆之介のノンフィクション『海の武士道』によると、日本海軍水兵たちが重油と汚物にまみれた漂流中の英海軍将兵を嫌悪することなく、服を脱がせ、両側から二人がかりで丁寧に体を洗い流し、被服食料を提供している状況を伝えています。「雷」艦長の工藤俊作少佐は、英国士官を前甲板に集めて敬礼し、英語でこう挨拶をしました。「私は英国海軍を尊敬している。本日、貴官らは帝国海軍のゲストである」と。

24
Foundation of Bushido

無私
One in All, All in One

同期の桜は、死ぬときも一緒。
己のためでなく、
世のため人のために生きるのです。

西洋の騎士道の中には「自分のため」という観点しかもたない人もいるのに対し、サムライは「自分たちのため」でものごとを考えます。サムライは個を超えた存在、すなわち**無私**なのです。ひとりのサムライが感じることは、すべてのサムライが感じることであり、「自分ひとり」という思考はしませんし、できないのです。

　常に組織・集団として行動するサムライは、純粋な関係性をもつ文化を育みました。

Samurai think in terms of what's in it for *US*; whereas average Westerner, by and large, tends to think in terms of what's in it for *ME*. Samurai are part of superorganism that says in effect, "**One in All, All in One.**" What a Samurai feels is what all Samurai feel. Individuals can think, perhaps should think, but an organization can't and shouldn't. Fire ants, like Samurai, just do. It can be called a culture of "pure" relationships.

The Essence of Bushido

仲間と共に暮らすサムライの精神性は、経済思考にも表れています。貯めるのが得意な日本人の経済の会計は大福帳です。江戸・明治時代から商人が使ってきた単式簿記（single-entry book-keeping）です。しかし、欧米の複式簿記（double-entry book-keeping）が導入されるとともに、会計感覚は変化しました。武士道精神にのっとっているのは、単式簿記の会計感覚でした。

25
Foundation of Bushido

ノブレス・オブリージュ
Noblesse oblige

西洋の騎士や紳士のマナーや意地は、
武士道にもあります。

「武士は食わねど高楊枝」は、サムライの意地です。どんなに腹が減っていても、けっして表に出さず、満腹のふりをするのです。それがサムライの、ノブレス・オブリージュ（高い身分に伴う義務）です。清貧にして質素。しかしマナーや意地は貫き通す。

そんな暮らし方は、都会にはなじみにくいかもしれません。誘惑が多すぎるのです。だからこそ、サムライは田舎、村での生活を好みました。その意地こそが、サムライの**ノブレス・オブリージュ**の源泉なのです。

Samurai pretend that their stomach is full, even when they are hungry, missing a meal. That's a Samurai glory, hardly urban vainglory, in honorable poverty. It's no wonder Samurai feel more comfortable with the local life, rather than urban life, where they prefer to be poor but honest, rather than rich but dishonest. Samurai's obstinacy is a source of **Nobless oblige**.

The Essence of Bushido

フーテンの寅さんは映画「男はつらいよ」の中で、「武士は食わねど高楊枝」の意地を示そう、かっこよさ（ノブレス・オブリージュ）を見せつけようとするものの、ホンネの前に崩れ去ります。しかしそのユーモアの中に、武士道に対するあこがれが感じられます。48作も続くロングセラーとなったこのコメディ映画の裏に、サムライのかっこよさ（coolness）が潜んでいるのです。

——第2章

武士道に

おける勇

The courage in Bushido

26
The courage in Bushido

士気
Morale

その戦いに、大義はあるか?
堂々と誇れる錦の御旗(flag)が
立てられるか?

戦いに勝つためには、**士気**をもつ必要があります。チームワークができていれば、チームの気概もひとつになります。士気があるかないかによって、チームワークが生まれたり、崩れたりするのです。では、士気はどうしたら生まれるのでしょう？　何がチームワークの違いを生むのでしょう？

それは「大義名分」があるかどうかです。いわば、旗印です。旗印なしに戦うことはできません。チームを結集させるための旗が必要なのです。そして旗印の背景には、正当な理由とビジョンが必要です。

To win a battle, you have to get the **morale** right. If team work counts, team spirit also counts. Morale makes or breaks the team work. Where does the morale come from? What moralizes or demoralizes the team menbers? Moral high ground (Taigi Meibun) or more colloquially, the flag. Can the military fight without the flag? The troops need the flag to rally around. To hold the flag, you need a justification, a cause, a vision.

The Essence of Bushido

2014年のサッカー、ブラジル・ワールドカップで、優勝候補のブラジルチームが準決勝でドイツに7対1という歴史的な惨敗を喫しました。キャプテンが出場停止となり、さらに要となる選手（key player）が怪我のため離脱したことで、「士気」をなくした選手たちは、同時に「大義」も見失ったのではないでしょうか。

27

The courage in Bushido

道

Moral compass

武士道、商人道、
茶道、華道、書道、そして英語道……。
日本人の行動規範の底流にある。
道とは、道徳的羅針盤です。

国際社会に生きる日本人は「かけはし」という言葉が好きです。橋の目的は、その上を歩くことですから、橋は道路（道）の意味をもっていることになります。それが武士道の美学に結びつくのは、「踏まれて生きるのだ」という意地なのです。

　道を形而上学的、倫理的、あるいは道徳的な意味合いで使うときに、「道（Doh）」となります。その「Doh」こそが**道**なのです。たとえば、茶道、華道、書道、そして英語道……。どれも同じく道なのです。

Internationally-aware Japanese are fond of the magic word "kakehashi." If the purpose of the bridge is to be walked upon, it follows that the bridge is an extention of the road (Michi). If it is metaphysically sublimated, it becomes "Doh"(the Way), with the moral and ethical connotations. The Way is **moral compass**.e.g. The Way of Tea, the Way of Flower Arrangement, the Way of Calligraphy, the Way of English ad infinitum. If we are in it together, we comrades are in the same boat. Sink or swim.

The Essence of Bushido

「日本に道があるかぎり、日本民族は滅びない」と喝破したのは、『源氏物語』の翻訳家であるサイデンステッカーです。また岡倉天心は『茶の本』の中で、「『道』は『行路』というよりも、むしろ『経過』にある。それは秩序ある変化の精神である。新しい形を生み出そうがために、おのれに返ってくる永劫の成生である」と述べています。

28
The courage in Bushido

修練
Practice. Practice. And practice.

痛みなくして、得るものはありません。

戦国時代の山陰の武将、山中鹿之助は言いました。「我に七難八苦を与えよ。神よ我を試したまえ」。ピンチがチャンスであるのと同様に、苦難も自らを高める機会だととらえていたのです。

　苦難は、自分がサムライであることを証明する機会なのです。それが道です。道とは**修練**です。痛みなくして、得るものはないのです。

Yamanaka Shikanosuke said; "Give me seven difficulties and eight pains. Gods, please test me." If crisis is opportunity, tribulation is also opportunity. Hardship gives you an opportunity to prove yourself a Samurai. That's the Way. The Way is a **practice. Practice. And practice.** No pain, no gain.

The Essence of Bushido

西郷隆盛の『南洲翁遺訓』の中に、次のくだりがあります。「道を行ふ者は、固（もと）より困厄（こんやく）に逢ふものなれば、如何なる艱難（かんなん）の地に立つとも、事の成否身の死生抔（など）に、少しも関係せぬもの也」。いったん、道という言葉を口にしたなら、苦を選べというのです。その道には必ず巨大な困難が待ち受けていますが、結果的に人間のスケールも大きくなります。人間力が身につけば、弱い人や悲運の人にも共鳴することができるようになります。

29
The courage in Bushido

行

Uninturrupted practice

サムライは、悩みの解決、疑問の解消、
自己実現のために、自らを厳しく律し、
孤独な鍛錬を行う。

武士道と禅との間には共通する点があります。規律です。禅は、教義ではなく、規律です。仏教学者・鈴木大拙は、「かつて多くの禅僧が芸術家であったのは、精神的な規律が必然的に芸術的本能をかき立てたからだ」と述べました。

　剣聖・宮本武蔵は、山ごもりを境に、自己を厳しく律することで孤独な剣豪であるだけでなく、芸術家、哲学者となりました。それは「行」の効果です。

Why are Bushido and Zen compatible? Discipline. Zen is first and foremost a discipline rather than a doctrine. Dr. Daisetz Suzuki once opined that the reason why Zen masters are artists is that their spiritual disciplines inevitably stir up their artistic instincts. The sword-master, Miyamoto Musashi, was an artist, a philosopher, a lone warrior, as well as a self-disciplinarian, bordering on a mountain ascetic. It is the effect of **uninturrupted practice**.

The Essence of Bushido

武士道には矛盾も多くあります。たとえば忠と孝。主君に忠であろうとすれば、親に対する孝は泣く泣く捨てなければならない。親に孝であろうとすれば、君に対する忠は諦めざるを得ない。真のサムライであればこそ、矛盾に悩むものなのです。しかし、サムライは「誠」を証すために言葉を用いません。教義にも頼りません。ひたすら「行」という試練を自らに課すことによって、体験を通して答えを導き出すのです。

30
The courage in Bushido

山ごもり
Hiding out deep in the mountain

サムライは、
山にこもって「行」を行った。
それは「自然力」を身につけることが
目的でした。

宮本武蔵にとって、修行こそが武士道でした。サムライは決して道から外れてはならない。しかし、ときには「やめてしまいたい」という誘惑に駆られることもあります。

　そんなときに武蔵が行ったのが、**山ごもり**でした。人里を離れ、野生の自然に身を置き、自らを孤独に追い込み、ひたすら修行を行い、瞑想することで邪念を払うのです。山ごもりで武蔵は「自然力」を身につけました。

Belief on Bushido was a practice for Miyamoto Musashi, an invincible sword master. He asserts that to be a Samurai warrior means never having to digress from the way. Crossing the Way of Bushido is the last temptation of a Samurai. Samurai harden their hearts, never to yield to the temptation. **Hiding out deep in the mountain** alone, losing themselves in meditation, while befriending wild nature, is just a piece of cake for a macho like Musashi.

The Essence of Bushido

『五輪書』は密教的というより、霊的かつ脱宗教的です。山岳修験道とも切り離せません。山川草木すべての自然霊、それらを見守る八百万の神々、神羅万象を司る火、水、石、風の神々（dieties）——密教的とは、宗教的（religious）というよりも、霊的（spiritual）に近いのです。

31
The courage in Bushido

独行道
Self-reliance

サムライはあくまでも己にたより、
一匹狼（nonconformist）を貫くのです。

「独行道(どっこうどう)」は、西洋の人々にはわかりにくい概念かもしれません。というのも、「自立心(The Way of Self-Reliance)」という言葉のほうに慣れているからです。

『五輪書』の翻訳者であるW.S.ウィルソンは、「独行道とは、技術ではなく心の問題であり、それを理解しなければ実践はできない。武蔵は、自らの経験の重要性を主張した」と述べています。本物のサムライは、ひとりで道を歩むことを恐れません。

The notion of **self-reliance** perhaps mystifies Western readers because the first thought that comes to them would be the Way of self-reliance. William Scott Wilson, translator of "The Book of Five Rings", says, "It is mind, far more than technique, that will be the enabler. Musashi insisted on the importance of real experience." The genuine Samurai are not afraid of walking alone.

The Essence of Bushido

宮本武蔵は自身の生き方を21か条に記した書を遺しました。それが「独行道」です。ウィルソンはさらに飛躍させ、ネイティヴにも通じるように「The Way of self-reliance」と訳しています。「self-reliance(自立心)」とは、オバマ大統領がお気に入りのキーワードで、オバマイズムを示す言葉ともいわれています。

32
The courage in Bushido

塩

Saltiness

武士道は塩辛いものです。
甘い言葉よりも、
血と汗と涙を尊びます。

西洋の騎士道から生まれた紳士という概念には、いわば砂糖のような甘さがあります。対する武士道は塩です。武士道における修練とは、汗であり、血と涙を意味します。すべて塩辛いものです。

　西洋の紳士は女性に対して親切で、甘い言葉をかけます。一方サムライは、あえて女性に甘い言葉をかけません。なぜなら日本の女性はすでに、主のいない家を自分の命をかけてでも守るという大きな権限を与えられているからです。女性の努力は並大抵ではありません。血、汗、涙、その共通分母は**塩**辛さです。

Gentlemanship, deriving possibly from chivalry, is sugary, where's Bushido is salty. Practice means sweat, blood and tears. All salty. Western gentlemen are kinder to ladies with sugary words of protective love. But Samurai don't dare give women protective love. Why? Because women are already empowered in Japan to risk their life to defend their empty house. Women try harder with blood, sweat and tears. The common denominator: **saltiness**.

The Essence of Bushido

ポルトガルから長崎に渡来した菓子は、カステラなどすべて甘いものでした。塩の武士道に対して、キリスト教とともに砂糖の甘さが入ってきたのです。武士道には、「行」がつきまといます。血を流し、汗をかき、涙を流さなければならないのです。「行」という行為で流す汗は、塩の味がするのです。

33
The courage in Bushido

質実剛健
Chivalrous spirit

過度な欲望を抑え、
常に心身を健全に保つ。
それは常に臨戦態勢でいることに通じます。

オオカミの生活にはモットーがあるように感じます。常に空腹であれ。常に狩りをせよ。それと同様のことを、奈良県の信貴山にこもり、断食をすると感じます。断食は魂と体を豊かにするだけでなく、世の中を見る目と心も開放してくれます。

空腹時こそ思考はより深遠になるものです。サムライは過度の欲望を抑える自己抑制の効果を知っていました。だから常に心を開放し、己をコントロールすることができるのです。それが**質実剛健**につながるのです。

Wolves have mottos. Always hungry. Always hunting. As a regular faster on Mt. Shigisan in Nara Prefecture, I try to stay hungry myself. Because fasting is not only cathartic, soul-and-body enriching, but eye-and-mind opening. I, for one, can think better on an empty stomach. **Chivalrous spirit** does not come from full stomach, but from empty stomach.

The Essence of Bushido

真のサムライは、カネでは動きません。そして、安易に仲間とつるみません。カネにころび、信念を売る輩は、いかに社会的に名を挙げたところで、サムライとは呼ばないのです。スポーツは、往々にして甘いもの（マネー、知名度、出世）を求めるので、そのシンボルは砂糖です。しかし武士道は塩、つまり辛いもの（自己規制、自己犠牲）を求めます。

34
The courage in Bushido

空気
Pheromone

「仁」「義」があると感じたときに、
サムライを引き寄せる
「空気」が生まれます。

人間の間を漂う空気は、まるで波のように引いては返し、さざ波となったり、巨大な潮になったりします。「空気に従う（潮に身を任せて泳ぐ）」とは、「仲良くする」ことを意味します。

　ハラのあるサムライは、潮の流れに反して泳ぎます。これは、自死も恐れない本物のサムライの行為です。サムライのモットーとは、「何もなく生きるくらいなら、何かのために死ぬほうがいい」なのですから。しかし、そこに「仁」や「義」があれば、その**空気**にサムライは逆えられなくなるのです。

The "Kuki" starts as a ripple, then a wave, then as a swell, then as a tide that engulfs everyone around. "Kuki ni shitagau (swimming with the tide)" means to "go along to get along." It takes an audacious Samurai to swim against the tide, undaunted by the fear of inescapable suicide. The Samurai's motto: it's better to die for something than to live for nothing. However, when Samurai feel driven by the compassion or commitment, the **pheromone** become their master.

The Essence of Bushido

日本人が使う不可解で、翻訳不可能な「空気」という言葉がありますが、私はそれを「フェロモン」と訳すことがあります。フェロモンは、日本人がいちばん恐れる「空気」のことです。「空気の読めない人」は「KY」と呼ばれ、組織内で疎外されます。その反対に、「空気」に流されず、どんなときも自己を失わない人物こそがサムライです。一時的に敬遠されることがあっても、その孤高ぶりと勇気は、必ず後に評価されます。

35
The courage in Bushido

世間の目
Other people's eyes

武士道とは
世間の目を師にする道であり、
そのキーワードは「恥」である。

昔から日本人にとって、良心や恥とは隣人の目にどう映るかを意味します。日本人は、多かれ少なかれ、世間の目を気にしています。罪悪感よりも、恥を意識したのです。

　恥の感覚を強くもつ日本人にとって、処罰を受けることよりも恐ろしいことは、**世間の目**に「恥ずかしい」と映り、笑われることなのです。日本ではトラブルが生じた際、示談による幕引きが多くなるのも、世間から嘲笑されるという辱めからのがれるためなのです。

For old-fashioned Japanese, conscience or shame means neighbors' eyes in you. The Japanese, by and large, are conscious of how they are viewed by other peoples. Why? Because they are not guilt-conscious but shame-conscious. Underneath Japanese insularity defined by the sense of shame, there's a strong undercurrent of the burning sense of guilt deriving from the shamelessness punishable by "**other people's eyes**".

The Essence of Bushido

武士道教育には、宗教も聖典も要りません。恥がわかればいいのです。共に闘えないことが、恥です。ひとりで抜け駆けをして、手柄を独り占めすること、伝統を捨てることが恥です。面目を重んじるサムライが最も恐れるのは、死ではなく恥であり、それをジャッジするのは、周囲の眼です。儒教が武士道にもっとも影響を与えたのは、孔子が示した恥の精神ではないでしょうか。

36
The courage in Bushido

ゼロ
Zero to one

サムライの意地は、
生死を超越したゼロの境地、
すなわち「空」から生まれます。

数字の「1」の概念とは、ゼロからの誕生です。創造物の始まりはアルファです。1、2、3……無限に足し算することができます。

　たとえば竹刀は、サムライのテクノロジーの中でも最高の発見でした。技術的な飛躍は、ゼロから1を生み出すことから始まります。それはサムライが、無の境地から何かを見出すのに似ています。

　1から足し算するのは秀才です。**ゼロから1を生み出し、ゼロに戻そうとするのが天才です**。

One is a birth. The first creation is ALPHA. 1, 2, 3, ...ad infinitum. The softness of bamboo (Bruce Lee's discovery) was the product of the quantum jump in technolgy. Technological leaps start at one, where's audacious Samurai's serendipitous discovery comes out of zero gravity. Bright persons think from one to eternity. Geniuses jump from **zero to one** and back to zero.

The Essence of Bushido

「ゼロ」すなわち「空」は、意味としてはサンスクリット語の「スーニャ(ゼロ＝無限)」に近いものです。宮本武蔵は『五輪書』の「空の巻」で、「空」と「道」を同じ位相に置きました。それを理解するためには、武士道のスピリットを形成するスーニャを理解しなければ説明がつかないのです。新渡戸稲造の『BUSHIDO』は、東洋的視座と、道の流れを遡る日本史観的な視点を欠いています。ですから武士道の道そのものである「空」にまで至っていません。

37
The courage in Bushido

The art of Kiai

火事場の馬鹿力とは、
自ら気合を入れて鼓舞した結果の力。

気合とは、精神と力を調和させ、エネルギーを結集することです。

「気」は風、心、意志、精神を、「合」は「合わす」ですから調和を意味します。二つの心がひとつになるのです。気合の強い人は弱い人を制します。物質ではなく心の問題です。そのときアドレナリンが噴き出て、使命感が奮い立ちます。まさに炎に飛び込む消防士のような状態です。それが**気合**です。

Kiai, like Aiki, embraces the unity of harmony, spirit and energy. Ki means wind, turn of mind, will, spirit and Ai (Awasu) means to unite. Two minds are united into one. So the stronger controls the weaker. Mind over matter. Adrenaline rush, when it comes from will and right turn of mind, definitely makes fire fighters unafraid of death. That's **the art of kiai**.

The Essence of Bushido

オバマ大統領は「firemen's courage（消防士の勇気）」という言葉を好みます。「火事場の馬鹿力」と翻訳したところ、「火事場の馬鹿力は、adrenaline rush と訳したほうが適切なのではないか」という指摘を読者から受けたことがあります。たしかに生理学的には、そのほうが正しいでしょう。しかし、そこには使命感が感じられません。泣き叫ぶ子どもの声を耳にして半狂乱の両親に代わり火の中に飛び込むのは、消防士としては当たり前の行為。しかし「それが仕事だから」というだけでは、「気合」の説明がつかないのです。そこには使命感を超えた、志や徳が伴うものなのです。

38
The courage in Bushido

切腹

Seppuku: The freedom of Bushido

名誉を重んじ、発言や行動に責任をもち、
過ちがあればそれを潔く認めて
不名誉を恥じるのです。

サムライにとって死ぬべき時に、死ぬことができないことほど恥ずかしいことはありません。**切腹**（武士道の自由）こそが、サムライの自尊心や誇りの証だったのです。

「武士道とは死ぬことを見つけたり」とは『葉隠』の第一章にある言葉です。

　ハラ（胃）とは心の重力の中心でもあり、サムライの魂でもあります。剣は武士の魂です。切腹はハラと剣の遭遇（あい）です。

Nothing is more shamefull than not being able to die, when you should die. **Seppuku: the freedom of Bushido** is proud samurai's display of face or self-esteem. "Bushido is found in dying" (first chapter of Hagakure). The Hara (stomach) is the gravitational center and the soul of Samurai. The Sword is the soul of the Samurai. The Seppuku is the meeting (Ai) of the Hara and the sword.

The Essence of Bushido

自らの意思で切腹できる覚悟を持つ年齢を「元服」と呼びました。これは、一人前の男になる通過儀礼のことで、二十歳近くの若者のための成人式といったのどかな儀式ではありません。自死は、サムライの勇気と自主責任の究極の証でした。ハラは、日本刀と同じくサムライの魂であったのです。

39
The courage in Bushido

潔さ
Graceful acceptance of death

決断に迷いがあってはなりません。
潔く、美しく振る舞うのが、
サムライの品格です。

1970年、日本の欧米化による退廃に幻滅した三島由紀夫は、自衛隊の精神欠如の責任を問い、自衛隊市ヶ谷駐屯地（現・防衛省本省）において割腹自殺を遂行しました。日本における武士道精神が急速に失われることに対しての抗議の意を込め、切腹したのです。

　この行為は「諫死」です。武士道のバイブルである『葉隠』の精神を自ら実践してみせたのです。意見は割れるでしょうが、それはサムライの**潔さ**の表現であったと思うのです。

In 1970, disillusioned at the decadent Westernization of Japan, responsible for the loss of military spirit, Mishima Yukio commited Harakiri-suicide in front of the self-defence force in Ichigaya, out of moral outrage. Appalled by the rapid disappearance of Samurai spirit, he commited Seppuku. This type of ritual suicide in protest called "Kanshi" is the avatar of "Hagakure (Bushido Bible)" spirit. This protest by death intoxicated Mishima no end. What an amazing trumpet! This is the Samurai's **graceful acceptance of death**.

The Essence of Bushido

日本の司直は、三島由紀夫の割腹事件を十分に裁くことができませんでした。武士道の美学や、その延長としての「狂いの美学」は、法律で裁く次元の問題ではないからです。三島はこの事件の4か月前に、サムライ・ジャパンの死亡宣言をしていました。三島が命を賭けて讃えたかったものは、武士道の復活ではなかったでしょうか。

40
The courage in Bushido

死生観
Life and death as two sides of a coin

生きることと死ぬことは、背中合わせ。
サムライはけっして死だけを
美化したのではありません。
死と生を同等に考えたのです。

サムライは「何のために生きるか」ではなく「何を成して死ぬか」という発想をします。その精神は、年齢も、性別も、肌の色も関係なく、誰もに通じるものです。生きているうちに何ができるか。その答えを見つけた人だけが、天寿をまっとうできるのです。

「今、この瞬間を生きる」「道を開く」という考え方は、平常心から生まれます。毎秒毎秒を、大切に生きるのです。これがサムライの**死生観**です。

Samurai believe in dying for something, rather than live for nothing. Does age matter? Does sex matter? Does the color of skin matter? To live out your life, you do not have to live long. Carpe diem (seize the day), might be closest to the Samurai way of accepting death as it comes, with "everyday mind." Seize every second, and die like a man. Samurai see **life and death as two sides of a coin**.

The Essence of Bushido

日本人は今でも日常会話で、「腹を切ってもらう」「腹をくくってくれ」のように、物騒な言葉を多用します。「セップク」という言葉は、いささかも今日性を失っていません。しかし日本の武士道が標榜する「殉死」という思想は風化しました。切腹を強いることは、今日の日本では許されません。切腹を全く恐れず、「スミマセン」と口にすれば責任回避できるかのような世相は、武士道からは遠くそれています。

41
The courage in Bushido

生きる
Living on, dead or alive

楽に死ぬより、苦しい生を選ぶ。
生と死を同じに考え、その境界を超える。
そのときにこそ潜在的な力をも
引き出す気迫が生まれるのです。

映画『ラスト サムライ』の中で、不平士族の領袖である勝元は名誉ある死を選びました。この映画は、西郷隆盛をモデルにしたサムライの象徴として勝元を描写しました。彼は悪魔（カネに目がくらんだ新興実業家）にサムライの名誉を売り渡しませんでした。彼はサムライとして、自らの倫理を損なうことなく死にました。彼の死は、良い死に様だったのでしょうか。それとも良い生き様だったのでしょうか。サムライは生と死という境地を超えて「**生きる**」のです。

Katsumoto, a feudal Lord, died a good death, the death with honor. The movie, "The Last Samurai," portrayed Katsumoto as a perfect samurai modelled after Saigo Takamori; He did not sell out his samurai honor to the devil (emerging moneyed network). He died like a samurai, without compromising his Samurai code of ethics. Did he die a good death as they said he died? Samurai believe in **living on, dead or alive**.

The Essence of Bushido

生か死かという状況にあれば、死を選べというのが『葉隠』のスピリットです（武士道と云ふは死ぬ事と見つけたり）。しかし、むやみに死を選ぶことが武士道の本質ではありません。たとえば長岡藩の武士道は違いました。生をとれ。多くの民が餓死寸前なときにも、人のために生き抜け。また薩摩武士道は「けしんかぎいきばれ（死んだ気持ちで挑め）」と若者を鼓舞しました。つまり、生と死を同じと考え、その境界線を超えよ、ということなのです。

42
The courage in Bushido

術は道を求めよ
Seek the principle in techniques.

術で伸び悩んだら、ゼロへ戻りなさい。
ゼロから1を生む術から
道は始まるのですから。

「柔術」は「柔道」に進化しました。「術」が「道」になったのです。これは「勝つか負けるか、生か死か」という「A or B」の発想ではなく、どちらも含んだ「A and B」という考え方でとらえるべきです。それが「道」と「術」の関係です。

「道」と「術」。この二つはどちらかが重要で、優先されるべき、という関係ではありません。どちらか片方ではいけません。陰陽を表す太極図のように、両者は、お互いに絡まりあっているのです。**術は道を求めよ**、なのです。

"Jujitsu" (the technique in the martial art of softness) has evolved into "Judo" (the way of Jujitsu). "Doh" is the Way, beyond win or lose, live or die. It's neither A or B. It's both A and B. It's an essence of life, thus the guiding principle for martial artists. Techniques or principle? Wrong question. Of course, principle. Isn't it? Wrong answer. Both "Jutsu" and "Michi" reverse themselves, like two dancing tadpoles, yin and yang. **Seek the principle in techniques**.

The Essence of Bushido

派閥が跋扈する日本の政治、賭博問題に揺れるスポーツ界、ディベートが許されないほとんどの学界。もはや日本的精神の中から、「武士道」は消え失せたように見えます。すべての技術、テクニックは道から生まれます。しかし同時に、ゼロから1を生む技術が、道の始まりでもあるのです。

43

The courage in Bushido

克己
Self-control

己は味方であり、同時に敵でもあります。
自分の中に潜む敵に克つのです。

中国の軍事戦略家・王陽明は「林中の賊を破るのは易しいが、心中の賊を破るのは難しい。あなたの敵は自分自身にほかならない」と言いました。剣聖・宮本武蔵は、「相手を破りたければ、自らを敵にしなさい」と言っています。

つまり自分の中には、敵と味方が共存しているという発想です。自分の中に潜む、敵と対決するのがサムライなのです。それが**克己**です。

Wang Yang Ming, Chinese military strategist, wrote a poem: "It's easy to conquer the enemies in the forest. But hard to conquer enemies in you. Your enemy is nothing but yourself." Miyamoto Musashi, invincible swordmaster, said, "To defeat your enemies, become your enemies." Samurai confront the enemy in themselves. This is **self-control**.

The Essence of Bushido

「敵に勝つ前に、自分に克て」——日本人が好きな言葉です。これは一見すると、敵と自分を分けているように見えるかもしれません。敵と味方、悪魔と神のように、二分するのは欧米人の性癖ですが、武士道の思考は基本的に「A or B」ではなく、「A and B」です。「勝つと思うな、思えば負けよ」という歌謡曲「柔」のロジックも、一見非論理的に響きますが、「A and B」という、日本的思考です。敵も味方も、自分から生じたものなのです。

44
The courage in Bushido

残心
Open attention

勝っても負けても、
心に動揺があってはなりません。
構えを解かない集中力が必要です。

残心とは、途切れることのない戦闘準備です。それは、構えを崩さないという行為につながります。どんな戦いにも三つのステップがあります。構えて、狙いを定めて、撃つのです。その流れの中でも構えが最も重要です。残心（心の余韻）とは、はやる気持ちを抑え、常に構えを解かない姿勢です。

　撃った後も構えを解いてはなりません。最も弱い瞬間だからです。まだまだ危険は去っていません。戦いは、撃っただけで終わるわけではないのです。**残心を怠ってはなりません。**

Zanshin is uninturrupted combat-readiness. Zanshin boils down to Kamae, combat-readiness. In any combat situation, one follows the three logical steps. Read, aim, shoot. If the target is intuitively perceived, it's the "Kamae" that counts the most. Why? Because Zanshin (lingering mind) never lets go of you. Never abandon open attention even after the shot (the most vulnerable moment). Danger awaits you. Fighting never ends. Don't forget the **open attention**.

The Essence of Bushido

スポーツの結末は勝つか負けるかですが、戦の結末は生か死かです。生死をかけた戦いの中で、臨戦態勢を取り続けるのが残心です。サムライは、生死を超越して、名誉か不名誉かにこだわります。虎は死して皮を残しますが、サムライは死して名を残すのです。その名は、死後、幾世代にまで及びます。

45

The courage in Bushido

敗者は潔く
Lose gracefully

スポーツには
セカンド・チャンスがありますが、
武士道ではやり直しがききません。
負けは潔く認めるしかないのです。

1954（昭和29）年公開の映画『宮本武蔵』の中で、若き日の武蔵は沢庵和尚の罠にはめられ、大木に吊り下げられます。「坊主、騙したな、許せぬ！」。しかし、禅僧の沢庵は平然と、「ほう、吊り下げられたままの敗者のお前が、どうやって勝者のワシに敵討ちができるのかね」と答えます。

　怒りに狂った武蔵も、何日も放置されると、次第に弱気になります。「許してくれ。オレはこのままで死にたくない。もう一度やり直したいのだ」とわめいたとき、沢庵の言葉がとどめを刺します。「ならぬ。人生にやり直しはないのだ」。これが武士道の「**敗者は潔く**」の精神です。

In 1954, the movie of "Miyamoto Musash", Musashi shouted at the monk below from the tree on which he was hung for punishment: "You set me up, dirty monk. You can't get away with this." The monk countered, "I can't get away with this? Don't make me laugh. I'm the winner. You're the looser." Musashi begged for life: "Give me another chance, begging you." The monk: "Over my dead body, you will. There's no second chance in life. Keep it in your skull, Musashi." Now, that's the spirit of Bushido: "**Lose gracefully**".

The Essence of Bushido

このセリフこそ、武士道における愛のムチ（tough love）の神髄です。「人生とはやり直しができないものなのだ」という精神こそが、武士道の根底に流れるものなのです。

Guiding Principle of Bushido

武士道

支える思考を —— 第3章

46
Guiding Principle of Bushido

ハラ
The gravitational center

自らを「空(ゼロ)」にすることのできる
余裕をもちましょう。

ハラとは心の重心のことです。ハラのある人とは、重心がしっかりとしている人のこと。ハラの大きな人とは、大きな心をもち（無私）、人を引き寄せる魅力があり、腹芸（重心に引き寄せる技術）ができる人です。腹芸は、重力の駆け引きです。その魅力は「分裂」ではなく「融合」です。

　ハラの大きなサムライはオーラや「気」をまとっています。すると人がひとつになり、混乱は秩序となり、静が動になるのです。自らを「空」にして、**ハラのある人**を目指したいものです。

Hara is the gravitational center in persons. A person of Hara is a well-centered man. A Big-Hara person is a big hearted (selfless) person of magnetic charm, capable of Haragei. Haragei is a game of gravitational pull. Attractiveness comes from the power of "fusion," rather than of "fission." Big-Hara Samurai have aura or Ki (intrinsic energy) that's where many become one, chaos becomes order, stillness become motion. It's what you want to be the person with **the gravitational center**.

The Essence of Bushido

企業のトップに立つ身として、徳川家康を理想モデルと考えている経営者は少なくありません。家康の強さはハラです。単なる肝っ玉や、敵に背を見せない果敢な勇気だけではありません。大胆にして同時に繊細さももちあわせているので、驚くべき速さで戦略転換ができます。「君子豹変す」の君子は「gentleman」と訳されますが、「Samurai」と置き換えてもよいでしょう。

47
Guiding Principle of Bushido

腹八分目
Less is more

———

ほどほどでちょうどいい。
欲をかきすぎてはいけません。

世界中の人々は「もっともっと」と「more」を求めます。資本主義においては、その傾向は顕著です。武士道精神の背景には、「足るを知る」、すなわち「ほどほどがちょうどいい」という日本人の美徳があります。「More is better.」ではなく、「Less is better.」です。

　欲をかいてはいけません。**腹八分目**がちょうどいい。「もっともっと」からは、美も徳も生まれないのです。

People around the world naturaly want "more and more". Under today's capitalism, this tendency is remarkable. Bushido demands you "accept yourself" for now, not more or not less. Samurai in the spirit of self-restraint, force themselves to look as if they want less rather than more. Their motto: keep your stomach eighty percent empty why? Creativity or virtue springs from hunger. **Less is more**.

The Essence of Bushido

日本の古いおとぎ話「舌切り雀」で、雀のお宿に招かれたやさしいおじいさんは、「お土産に、大きなつづらと小さなつづらのどちらかをお持ちください」と言われ、小さなつづらを選びます。中には小判や宝石が入っていました。まねをしたよくばりのおばあさんは、大きなつづらを選びますが、入っていたのは魑魅魍魎（ちみもうりょう）でした。これも「Less is more.」の教えでしょう。

48
Guiding Principle of Bushido

清濁併せ呑む
Stomach it

強さと弱さ、使命と俗欲。
それらが共存する
磁石のような人間になりましょう。

「利（お金）」を取るか、「義（道徳）」を取るか。サムライは、短期的な「利」を捨てても、「義」を取りました。信用は、道徳的、倫理的な整合性が保たれたときに構築できるものです。

残念ながら、昨今の人々は短期的な「利」ばかりを追っているように見えます。長期的な信用につながる「義」が消えゆくようにも思えます。「利」も「義」も、両方備える。すなわち**「清濁併せ呑む」**という姿勢が足りないのです。

Given a choice between money (Ri, pragmatism) or moral principle (Gi), old-fashioned persons are conditioned, or duty-bound to put the principle first, money (short-term gain) second. Trust is built by moral and ethical integrity. Alas, the most contemporary people, are driven by short-term money incentives rather than long-term trust. With Samurai, moral commitment (Gi) dies hard. We have to **stomach it** both.

The Essence of Bushido

日本の歴史上の偉人の多くは、ドロ臭い側面をもっています。西郷隆盛、吉田松陰、山岡鉄舟、坂本龍馬……。誰もがけっして聖人君子だったわけではありません。人間臭く、ときには情けなく、健気で隙だらけ。そんな彼らの共通点は、自我を捨て、酸いも甘いも引き受ける度量があったのです。

49
Guiding Principle of Bushido

ハラで聞く
Listen from the center

相手の真意を知るためには、自分の心の重心を自在に操る「腹芸」を身につけることです。

腹芸とは、自らの心の重心を操る技術です。火や剣によって死に直面しても、サムライが冷静を保つ力です。信長や秀吉といった戦国時代の大名たちも、戦場で歌を詠む、腹芸ができる戦士でした。

　サムライや僧侶は、常にハラにエネルギーを集中して腹芸を駆使しました。また武道家も、腹芸が得意でなければなりません。すなわち、心の重心を保ち、冷静な状態で相手の真意を知ろうとするのが、**ハラで聞く**ということです。

Haragei is the art of gravitational center. It enables Samurai to remain calm in the face of death, by fire or the sword. Men of wisdom, Samurai or monks, are centered, always empowered by centralized energy emanating from Hara. Martial artists must be good at Haragei, the art of the center abdominal. Capable of breathing deep from Hara (abdomen), deeper down than diaphragm. Shallow breathes are poor Haragei performers, thus poor martial artists. Haragei artists "**listen from the center**".

The Essence of Bushido

赤穂浪士のリーダー大石内蔵助良雄は、主君の浅野内匠頭長矩が切腹寸前に眼を合わせて言った「無念じゃ」という言葉を、「仇敵（かたき）を討ってくれ」と受け止めました。ハラで聞いたのです。「眼で見るな、ハラで見よ」「顔で笑って、ハラで泣く」といった表現は日常会話でも使われます。信頼できるサムライは口数が少ないものです。そのかわり安請け合いはしません。そのコントロールの技術が腹芸です。

50
Guiding Principle of Bushido

究論
Heuristic debate

互いの意見をぶつけあい、
思考を高めていくことは重要です。
トップダウンばかりではいけません。

多くの人々が議論はしますが、建設的な究論（ディベート）を行う人はほとんどいません。議論の結果は、「どちらが勝ったか」といった個人的なものです。しかし、**究論**は本質的に建設的なものなので、あらゆる参加者が納得し、共有できるものです。

明治維新をもくろんだ薩摩藩士たちは、正義のため、そして危機管理のために詮議という究論を行いました。サムライの議論の本質は、建設的なものだったのです。気高い志を誰もが共有した結果、日本は好転したのです。

Many people argue. But very few debate. Argument gets personal. But in debate, constructive by nature, nothing is personal. Satsuma Samurai, responsible for Meiji Restoration, got engaged in debate (Sengi) for crisis management as well as self-discovery around justice. They all believe in a **heuristic debate**. Nothing was personal for warriors on a high moral ground; to turn Japan around.

The Essence of Bushido

和を説く聖徳太子も、深遠な問題を討議する際には、トップダウンで決めるな、と十七条憲法で述べています。薩摩のサムライたちも究論を実践しました。武士道では、お互いの意見、考えをぶつけあって、最もよい答えに達するためのディベートの大切さを重視していたのです。けっして身分が上の者の意見を無条件にトップダウンで採用していたのではありません。

51
Guiding Principle of Bushido

二心を抱かない
No double mind, no double tongue.

主を裏切ることを、
サムライは何よりも恥じました。
サムライに裏表があってはなりません。

サムライにとってメンツは何よりも重要です。藩の恥、己の恥、家族の恥をそそぐためなら切腹をも辞さないのです。罪ではなく、恥をおそれるのです。

二枚舌、表と裏の顔を使い分ける、うまいことを言って相手のハラを探るといったことは、サムライが何よりも嫌う行為です。**二心を抱かない**サムライの言葉は、刀と同じで、大きな責任を伴っていたのです。

For Samurai; face (Mentsu) is everything. They prefer ritual suicide to having his clan's or family's name disgraced. Shame, yes. Guilt, not necessity. In Japan, we say, "Bushi ni nigon wa nai (Samurai don't believe in double words)". Double talk, double face, double spy are devilish or even satanic. Their word is their sword. Samurai have **no double mind, no double tonge**.

The Essence of Bushido

1668(寛文8)年、会津藩主・保科正之(ほしなまさゆき)は主席家老田中正玄(まさはる)を江戸屋敷へ呼び、『会津家訓十五箇条』を授けました。その第一条は、その後の藩の運命を大きく変えることになりました。「大君の儀は一心に大切に忠勤に励むべきで、他の藩の例をもって自ら満足してはならない。何が何でも徳川将軍家を大切にすることが肝要である。もし、藩主が二心を抱くようになったならば我が子孫ではないから、各人は決してこれに従ってはならない」。幕末の藩主・松平容保(かたもり)はこの遺訓を守り、佐幕派の中心的存在として最後まで薩長軍と戦い、悲運の道をたどったのです。

52
Guiding Principle of Bushido

両極を併せ持つ
Bipolarity of Bushido

相反する二つのものを、
たとえ矛盾していようとも
同時に受け入れる懐の深さ。

日本における儒教以降の思想の二つの流れは、朱子学と陽明学です。二つはときに互換性があり、ときに相反します。

　これらは、文字によって書き表された教科書として、長い間サムライの間で倫理の規範となってきましたが、趣旨は南と北のように対極にあります。武士道は、これら二つの学問それぞれを範としています。いわば矛盾を内包し、**両極を併せ持っているのです**。

The two major schools of thought of neo-Confucianism in Japan are Shushi-gaku and Youmei-gaku that are both compatible and incompatible with each other. They are the two poles, North and South, of the horse magnet. The former abided by the letter of the law, while the latter by the spirit of the law (traditional Samurai codes of ethics). Bushido is in both contradictory schools. The beauty, as it were, of the **bipolarity of Bushido**.

The Essence of Bushido

武士道の思考とは、朱子学と陽明学に象徴されるような、表と裏の両極を同時に捉える磁石思考です。朱子学を一途に守り抜いた会津武士道。そして、陽明学に心酔し官軍となった西国の志士たちの武士道。その両者は相容れないように見えますが、武士道の次元では磁石の両極のように、同時に捉えることができるものなのです。ただし私見では、武士道の美学にマッチするのは、吉田松陰の辞世の句である「やむにやまれぬ大和魂」という、陽明学の狂いの美学ではないかと考えています。

53

Guiding Principle of Bushido

静中動あり

Tranquility pregnant with explosiveness

陰と陽、北極と南極という両極が不即不離（和して同ぜず）の関係を保ったときにパワーが生まれます。

禅僧は「外見がクールで、内面はホットに」振る舞います。その真意は明確です。ホット（動）とクール（静）の両面を併せ持て、ということです。それが、**静中動あり**です。

サムライの実戦はポーカーのようなゲームではありません。リアルな殺し合いです。ブルース・リーの映画『死亡遊戯』のように、戦いはどちらかが死ぬまで続くのです。そしてサムライは、雨が降ろうと、槍が降ろうと冷静を保ちます。

Cool outside, hot inside. Zen monks go farther: "Play hot outside, but cool inside." The message is loud and clear: **tranquility pregnant with explosiveness**. Playing poker? The poker is a game of psychology and chance. With Samurai, the actual swordfight is not a game; it's playing for real. The Game of Death, according to Bruce Lee, lasts forever, even beyond death. Samurai, artists of tranquility as in tea ceremony, stay cool come hail or high water.

The Essence of Bushido

内面がカッカッと燃えているときこそ、外見は静かに保つ。これは武士道の行動原理を支える「磁石の原則」です。同様のことは、江戸時代初期の禅僧・沢庵宗彭が執筆した「剣法（兵法）と禅法の一致（剣禅一致）」についての書物『不動智神妙録（ふどうちしんみょうろく）』にも書かれ、後の武道に多大な影響を与えました。

54
Guiding Principle of Bushido

恥を恐れない
Living with shame

規律の根本にあるのは
恥の意識です。
しかし恐れることなく
己に克つことが大切なのです。

サムライの恥の意識は、厄介な結果を招くことがあります。あるイギリスの詩人に「日本人は世界で最も英語の下手な民族だ」と言われたのも、多分恥の意識が災いして、人前で英語を話す恐怖心があるのが原因でしょう。「恥」には、英語の「shame」だけではなく「embarrassment（きまり悪さ）」の意味もあります。

　日本人が英語を学ぶ第一歩は「恥と仲良くなる」ことです。**恥を恐れない人だけが、道を究めることができるのです。**

The sense of shame cuts both ways. Let me explain. The Japanese are depicted as the world's poorest linguists by an English poet. Did that hurt any Japanese. Not that I know of. Everyone seems to accept that as true. And yet nobody dares ask why? The No.1 reason is pure and simple: Shame. Embarrassment. Don't antagonize shame. I'd venture to say: "Befriend embarrassment," **living with shame**.

The Essence of Bushido

農民出身の二宮尊徳が「天の理」と「人の道」を説いています。「天の理」とは、自然界と人間社会のすべてを支配する法則・原理。「人の道」とは、天理に従うが盲従するのではなく、雑草を悪とし、稲や麦を善とするように、便か不便かという価値判断を加えるというもの。「恥」は「人の道」によって克服することができます。恥をかくことを恐れているだけではダメなのです。

55
Guiding Principle of Bushido

無我
Selflessness

―――

「我」が目覚めたとき、
人の心は濁り、驕りが生じるのです。

自分自身をゼロにまで縮小してとらえるのが**無我**です。すると広大な気持ちで、広い視野をもてるようになります。ハラのあるサムライは、全体の観点から考えます。ハラがないサムライは自分のことしか考えられません。

　宮本武蔵は『五輪書』の中で、「目の付様ハ、大に廣く付る目なり。観見二ツの事、観の目強く、見の目弱く、遠き所を近く見、近き所を遠く見ること、兵法の専也」と主張しています。

The big Samurai think in terms of the whole; while small Samurai in terms of what's in it for them. And the most powerfull eye is that of **selflessness**. Miyamoto Musashi argues in the book of "Five Rings": The eye of observation is strong. The eye of seeing is weak. See the faraway as nearby, and the nearby as faraway. Yes. The power of the eye is essential to the martial arts.

The Essence of Bushido

潔く死に向かう人がサムライではありません。追い詰められて、生よりも死が楽だと判断して、後者を選ぶ人もサムライではありません。そこにあるのは、ただの驕りです。驕りは「自意識（be full of oneself）」から生まれます。我は迷いを生み、信を崩します。心という組織体を蝕んでいくのは、「我」から生じる「意」です。「意」に心（忄）が加わると、人は「憶」するのです。憶病になり、いずれ信じる者を裏切ることになります。

56
Guiding Principle of Bushido

眼力
The power of the eye

相手が大きく見えれば、こちらの負け。
相手が小さく見えれば、
こちらの勝ちです。

「百聞は一見に如かず」といいますが、目に見えるものだけが事実なのでしょうか。宮本武蔵はそれを疑いました。武蔵はシャーロック・ホームズのように、観察力の重要性を強調しています。よく観察することによってのみ、事実が見えてくるのです。

武道家は森を見ながら、その中の一本の木を見る目を養います。それが**眼力**です。全体を大きくとらえ、同時に相手の心の窓を見る。サムライは眼力を鍛えます。

Seeing is believing. What you see is what you get. Really? Musashi doubts it. Both Musashi and Sherlock Holmes stress the importance of observation. What you observe is what you get. Appearance is deceptive. Martial artists use penetrating eyes to see the forest as well as the tree. It's **the power of the eye**. To see the larger picture, all Samurai must have observing eyes to see if their eyes are the window into thier enemys' spirit as well as their souls.

The Essence of Bushido

武道の世界では闘う前に勝負がつくことがあります。これは肉体の大小ということではなく、あくまでも心理的なものです。勝負に眼力を用いることがあるのです。相手とのコミュニケーションにおいてスマイルは大切です。しかし武士道においては、スマイルよりも眼力が大切です。眼は美しく、そして強く保ちましょう。

57
Guiding Principle of Bushido

逃げない
Fearlessness

真のサムライは、
置かれた立場にかかわらず、
逃げることを恥としました。

F・D・ルーズベルトは「私たちが恐れなければならない唯一のものは、恐怖そのものである」と言いました。フランシス・ベーコンは「恐怖以外には何も恐れるものはない」と言いました。

　サムライが恐れたものは、死の痛みではなく、死そのものへの恐れと、不名誉でした。死の思考にたじろがないのがサムライです。なぜなら、平常心で死に向かいますから、考える時間もないからです。恐怖心を超越し、決して**逃げない**のがすべての武士道の意地なのです。

Franklin D. Roosevelt said: "The only thing we have to fear is fear itself." Francis Bacon: "Nothing is to be feared but fear." The only thing that bothers Samurai is fear of death and loss of face (honor) which are tantamount to death in painfulness. If the thought of death flinches you, you're no longer Samurai. Why? Because with Samurai the thought itself never occurs. **Fearlessness** is the bottom line for all warriors.

The Essence of Bushido

ゼロ戦は、格闘性能と速度の二つを併せ持っていたといいます。空のサムライにとっての「名刀」でした。彼らに、逃げるという発想はありませんでした。戦場にあるのは、生と死のみ。百田尚樹の小説『永遠のゼロ』には、「海軍航空隊一の臆病者」「何よりも命を惜しむ男」と蔑まれる男が登場します。しかし彼はけっして逃げたのではありませんでした。恐怖心ではなく、無駄な死を選ばないという強固な意志があったのです。

58
Guiding Principle of Bushido

敵になる
Becoming your enemy

勝つためには、
敵を知り、己を知り、自らを己の敵
とみなすのです。

孫子は「敵に勝つためには相手を分析しなさい」と言っています。一方、宮本武蔵は「自らが**敵になれ**」と言っています。立場を逆転することによって、より高度な戦いができるというのです。

　自分の長所と短所を理解すると、勝つチャンスは大きくなります。置かれている状況を理解できてはじめて、心理的に優位に立って、相手をビビらせる（psyche out）こともできるのです。

Sun Tzu says: analyze your enemy to defeat them. Musashi's rule of engagement is more intense: **Become your enemy**. By reversing roles, you can fight better. Understand their strengths and weaknesses and the chances are greater that you'll win the battle. You've already psyched him out if you know in advance your enemy from within.

The Essence of Bushido

武道家は直感を重んじ、眼力を使って敵の内情を見抜きます。宮本武蔵は、近くから入手できる情報の収集に余念がなかったばかりでなく、遠くの情報までイメージする直観力に長けていました。一枚の桐の葉が落ちたのを見て天下の秋を識るのです。武道家の直感は、真剣勝負から得たものです。戦士は常に不安です。負ければ面目を失う。屈辱を味わう。それは死よりも恐ろしいことだからです。だからこそ、負けないように戦略や戦術を練るのです。

59
Guiding Principle of Bushido

無心
No mind

自分のメンツ、社会的地位などは後回し。
無我、無私無欲な状態を
心がけましょう。

西洋人が「無心」を「マインドフルネス」と訳すことには、とてもとまどいます。「マインドフルネス瞑想法」などというものもあります。「マインドフルネス」は、何かに対して意識が高い状態を表します。

　それに対して武士道でいう「**無心**」は、意識の有無や高低とは無関係です。「無」は、意識や自然との融合を超越した、絶対のものです。完全に無我であり無私無欲な状態を指すのです。

What bothers me a great deal is the way Westerners interpret Mushin (no mind) as mindfulness. Meditation for mindfulness? What? Mindful means conscious or aware of something. **No mind** is no consciousness and nothing. Nothingness goes beyond mindfulness and merges eventually into nature. Absolute egolessness and selflessness.

The Essence of Bushido

「It takes one to know one（わかるやつには、わかる）」という表現は、ハラのある人物は、相手の器（ハラ）が直感的にわかるという意味です。「無心」の実践者として有名な人物として、臨済宗中興の祖と称される江戸中期の禅僧、白隠（はくいん）禅師を挙げることができます。「隻手（せきしゅ）声あり、その声を聞け」（両手を打ち合わせると音がする。では片手ではどんな音がするか？）という公案（zen puzzle）が有名です。

60
Guiding Principle of Bushido

品性
Humility

たえず優雅な作法を実践していると、
内部に力が蓄えられます。
立派な作法とは、
休止状態にある力を意味します。

品性とはにじみ出るものです。態度に現れるものなのです。もし品性が、本人が無意識のうちに他人に気付かれれば、それは気品（grace）と呼ばれます。ハーバート・スペンサー（哲学者）の定義によれば、「奥ゆかしさとは最も無駄のない立ち居振る舞い」。それが気品であり、品性です。簡素で素朴な品性は、サムライが共感し、好んだ「わびさび」にも通じます。

Humility comes out from inside. Elegance, in a copywriter's language, is an attitude. If it shows unobtrusively, it's grace. Grace in the definition of Spencer Herbert (philosopher) is the most economical manner of motion. The rustic beauty of "Kanso" could be translated as graceful simplicity, bordering the aesthetic emotionalism Samurai value, such as "Wabi-Sabi" (disciplined rusticity).

The Essence of Bushido

西郷隆盛は、私の知る限り最も品性の高いサムライ政治家です。ハラのある西郷は、品性がありながらも冷静さを崩さず、激しい交渉の場面に立ち向かいました。品性とは、人としての品格、気品、緊張下での冷静さなどです。西郷の死もまた品性にあふれていました。映画『ラスト サムライ』のモデルと目されるにふさわしい、まさに完成された武士道の「good death（良き死）」でした。欧米人には「good life（良き生）」と表現したほうが通じやすいかもしれません。「He has lived out his life.（天寿を全うした）」ということです。

61
Guiding Principle of Bushido

志
Noble mission

揺るぎない自己犠牲の精神。
さらに公徳心。
己を捨ててでも、社会の役に立とうという
強い意志をもっていますか。

サムライとは、その名が示すように、自己犠牲の精神で「さぶらう（仕える）」士でした。彼らの志は、揺らぐことのない無条件の愛（忠誠心）によって特徴づけられていたのです。

しかし揺らぎのない志をもつためには、上に立つ人の揺るがない志（それも公徳心の支えがあるもの）が必要です。上位の志に支えられた場合にのみ、新しい志が生まれます。志にも高低があるのです。

What is the Kokorozashi for Samurai? Just to serve their masters for their right cause, with no ulterior motives. Samurai, as its name implies, are the ones who serve (Saburau) their masters and their noble cause with single-minded devotion —with the self-sacrificing spirit. Again, if the cause is righteous, that's called "Kokorozashi", or **noble mission**. Kokorozashi, therefore, is characterized by unconditional love, accompanied by unshakable faith of Samurai.

The Essence of Bushido

志のある人は同時にハラもあります。徳川家康は、まさにそういう志とハラを併せ持ったリーダーでした。軍事的勝利を得るためには、自らの無知をもさらけ出します。衆知を集めるためには平気で頭を垂れます。天台宗の僧・天海の進言を聞き入れ粗食を実践しました。伊賀忍者の服部半蔵を単なる兵とは見なさず、将と同格に扱ったのも家康のハラでしょう。それが志の源泉です。

62
Guiding Principle of Bushido

誠実な謝罪
Sincere apology

心からの謝罪には必ず代償が伴うもの。
不誠実で見せかけだけの謝罪は、
空涙も同然です。

日本人はスミマセンという言葉に、いくつかのニュアンスをこめて使い分けています。ちょっとした恥から逃げるときに、スミマセンと詫びることが礼儀正しいし、有効だと考えている節もあります。「とりあえず、ごめんなさい」というわけです。しかしこれは、ただのごまかしにすぎません。

　欧米人はよく首をかしげます。「日本人のスミマセンとは、目をつむってくれという要請で、謝罪ではないのでは？」と。そのとおりです。責任逃れのスミマセンは、どう見ても**誠実な謝罪**とは思えません。

Sumimasen means many things to many people. The modern Japanese by and large consider it polite and effective to offer apology to get away with embarrassments — of any sort. "Sorry, just for now." What a clever situation management! Westerners are often caught shaking their heads in disbelief, wondering if Sumimasen, when uttered by Japanese celebrities on television, means, "Please look the other way." Yes, such casual "Sumimasen" sounds hardly like a **sincere apology**.

The Essence of Bushido

本来謝罪とは見せかけのものでなく、本心（ソウル）が伴うものです。しかしその本心が相手に共鳴するためには、「スピリット」という媒体が必要です。それが誠意（sincerity）です。つまり、誠実な謝罪にはソウルとスピリットの両方が伴わなければならないということになります。

63
Guiding Principle of Bushido

中庸
The golden mean

武士道には、
火のような闘争心と非妥協性に加えて、
敵にさえ融け込む、
水のような寛容性が同居しています。
バランスが肝心なのです。

感謝の気持ちは、私たちの体の内側からにじみ出るものです。そのとき目に見えないフェロモンがさざ波のように広がります。

日本人は気軽に「おかげさまで」と、隣人や社会への感謝の気持ちを口にします。火のような内面を見せず、水の心でさわやかに、すがすがしく相手に融け込んでいくのです。この**中庸**の取り方も、サムライのマナーのひとつです。

The feeling of gratitude springs out from inside our body. The invisible pheromone spreads like ripples on a pond. The spirit of the casual remark on every Japanese lips, "Okagesamade (gratitude to your neighbors and your society)" communicates to the heart and mind of your neighbors. This feel-good factor goes a long way toward the stronger bonding. Samurai was to cherish **the golden mean**.

The Essence of Bushido

1946年にアメリカ人の文化人類学者、ルース・ベネディクトによって書かれた『菊と刀』の観察力には脱帽せざるを得ません。しかし日本人が放つフェロモンとハラや空、そして義理と人情のバランスについての分析がいまひとつだと感じます。義理 (The GIRI) の分析は鋭いのですが、「世間に対する義理」という、不透明な「空気」、すなわちフェロモンの効用が読めていないのです。外国人の目から見れば、日本人はソフトで水のように無色、無臭、無形に見えます。それは酸素の部分。しかし、いつ燃焼するかわからない水素の部分も、バランスよく同時に存在するのです。

64
Guiding Principle of Bushido

知と情
Information and intelligence

目に見えないが、
喜怒哀楽をも司る「情」。
「情」があるから報われる——それが「情報」。

コインに表と裏があるように、物事にも表と裏があります。情報にも２面性があります。表にあたるのは「**知**」。裏にあたるのが「**情**」です。

情報の表側（知）は目に見えますが、裏側の「情」は目には見えません。その二つは、光と影の関係です。ときに同じものであり、ときに別のものなのです。

The coin has two sides to it; heads and tails. The argument, by the same token, has two sides to it: Pro and con. Yes and no. The fact or evidenece that supports any argument comes in two :**Information (Omote), and intelligence (Ura)**. Omote is visible but Ura is invisible. Light and shadow. Equal but separate.

The Essence of Bushido

「諜報はまことなり」とは、孫子が約 2500 年前に中国の戦争から育んできた、戦いの常道です。真の「情報」の意味を知る参謀や間諜（シャドーサムライ）たちの中には、「情」がありました。けっして「知」だけではなかったのです。しかしもちろん「知」あってこそ「情」なのです。こうした両面性に、武士道精神の神髄を垣間見ることができます。

65
Guiding Principle of Bushido

霊性
Spirituality

サムライは、
宗教(religion)より遥かに
根源的な霊性(spirituality)に
忠実な存在です。

魂は肉体とともに死に絶えます。この二つは、ある意味で同じものです。しかし、霊が死ぬことはありません。霊は死後も生き続けます。霊は、死後も私たちのまわりにいるのです。戦死者の霊は、私たちの浮世から離れることなく、常にそこにいます。靖国神社に祀られた英霊たちがそうです。

　宗教以前から日本に古来伝わる、降霊術や霊信仰にも通じています。それが武士道の根底にある日本の**霊性**なのです。

The soul dies with the body. Both are buddies in a sense. But the spirit never dies. The spirit keeps on soaring after death. The spirit still moves you and us. The spirit of wardeads keep coming-back to haunt us. Those were the honorable spirits enshrined at the Yasukuni shrine. Ancient Japanese put supirtualism before relision. It is a system of belief based on supposed communication with the spirits of the dead through mediums. Japanese **spirituality** overshadows religion young or old.

The Essence of Bushido

和辻哲郎は名著『風土』で、「亜熱帯モンスーン地域に属する日本民族の気質は、"湿(しめ)やかな激情"である」と、自然環境と人間とのつながりを的確に捉えています。自然を愛し、同時に自然を畏れるといった感情が「湿やかな激情」、すなわち日本人の霊性を育んだのでしょう。自然を畏れ、崇め、同時に祟りを恐れて鎮魂を行う敬虔さが、武士道を誕生させたのです。

第4章

武士道と

生活・文化

Bushido, life and its culture

66

Bushido, life and its culture

火山と母性
Volcanic motherhood

常に控えめで上品に。
しかし、いざとなれば
いつでも爆発できる気概を
内に秘めておくのです。

女性は不思議な火山のようなものです。西洋の騎士道精神が男性的であるのに対し、日本の武士道は女性的です。なぜなら、武士道は控えめで、かつ上品なものなのですから。騎士道に比べれば、母性的であるともいえるでしょう。

　騎士道が、使命に関して攻撃的で爆発的であるのに対して、武士道は、よほどやむにやまれぬ事情がない限り、ヒステリックな活火山に変身することはありません。武士道とは**火山**であり、**母性**でもあるのです。

Women are mysteriously volcanic. If Western chivalry is male, Japanese Bushido is female. Why? Because Bushido is more unobtrusive and prudish. It's feminine and motherly as compared to masculine chivalry. Chivalry is more explosive and offensive on mission. Bushido, on the other hand, is implosive and gets hysterically volcanic. In a nutshell, Bushido is **volcanic motherhood**.

The Essence of Bushido

武士道は、火山にたとえることもできます。火山は火山自身の都合で爆発します。人間が「待ってくれ」と言っても止まりません。サムライも決して主人に対しロボットのように盲従するのではなく、プライドをもっており、そこにある自己裁量の幅は広いのです。しかし火山の噴火は、新しいものを生み出す力でもあります。溶岩は長い年月を経て山や台地になります。武士道も常に何かを産み出します。その意味で武士道は、闘う父ではなく、産む母なのです。

67
Bushido, life and its culture

母性
Motherhood

武士道には
父性と母性の両方の側面があります。

一神教（キリスト教、ユダヤ教、イスラム教）は、本質的には父性的な宗教だと定義されますが、神道を宗教だととらえると、母性的だといえるでしょう。天照大神が女神であることがそれを示しています。

　また天照大神は太陽をつかさどります。乳牛が毎日乳を与えてくれるように、地球上の私たちに分け隔てなく光というミルクを与えてくれます。その光は「日出づる」の象徴でもあります。武士道がもつ、**母性**に注目しましょう。

Monotheistic religions (Christianity, Judaism, Islam) are inherently patriarchal. Shintoism, if defined as a religion, would be considered matriarchal, because Amaterasu-Omikami is Sun-goddess. Like milkcows give milk, the Sun-goodess gives the sun, the symbol of the rising sun, to all of us on earth without forcing us to surrender. Let's focus on the **motherhood** with the Bushido.

The Essence of Bushido

かつての武士道は、父親的な愛を中心としたものでした。同時に「教育」という言葉のうち、父は「教」を、母は「育」を優先させてきました。「育」は母性本能による「譲り（give）」のスピリットです。これこそ、島国に暮らす日本人の身についた母性です。これから武士道精神を日本によみがえらせるためには、母性を見直す必要があるのです。

68
Bushido, life and its culture

海女たちの情
Female divers' empathy

島で暮らす海の民には、
気概があります。それは、
海女の生活にも見いだすことができます。

陸の民が隣人の不幸を見て見ぬふりをして「儀礼的無関心」を装うような場合であっても、島の民は問題を抱えた人に気を配り、共感する傾向が強いように感じます。

　かわいそうに、という同情は陸の民がもつものです。島の民は共感とともに、何とか助けようとするのです。たとえば、藁にもすがろうとする海難者がいた場合、海女たちは自分のことは顧みずに、情を持って助けようとします。この**海女たちの情**は武士道に通じます。

If mainlanders can enjoy "civil inattention", turning a blind eye to the neighbors' misfortune, islanders' thoughtful attention to the troubled nearby is empathetic. Sympathy is mainlanders' feeling *AT* the less fortunate, while empathy is islanders' feeling *WITH* the needy, the drowning refugees trying desperately to clutch at straws. **Female divers' empathy** and male Bushido are not mutually exclusive.

The Essence of Bushido

1911（明治44）年に、三重県的矢湾付近で荒天により駆逐艦「春雨」が沈没した際、当地の海女たちが瀕死の船員たちを救助し、全裸になって体を温めたといいます。「助けなければいけない」という法があるわけではありません。しかし、やむにやまれぬ良心というべき情がありました。それが、陽明学でいう「良知」（native intelligence）です。この海女たちの行動に見られるような、自然発生的な「他愛心」こそ、武士道でいう惻隠の情にほかなりません。

69
Bushido, life and its culture

サムライの妻
Unsung Samurai women

サムライの妻が強いのは、
自己主張を控え、
夫を立てるという陰徳を積んできたからです。

「シェルシェ・ラ・ファム（事件の陰に女あり）」というフランスの決まり文句があります。この言葉を聞くと、薩摩（鹿児島県）と会津（福島県）で行った、サムライの子孫へのインタビューの結果を思い出します。サムライの末裔たちは、異口同音に語りました。「本当に強いのは女だよ」と。

しかし、功を奏した**サムライの妻**は、あくまでもシャドー・サムライ。どんなに陰で夫を支え、力になったとしても、けっして実名が表に出ることはないのです。

Cherchez la femme (look for the woman). This French cliche remainds me of the findings of my interviews with Samurai descendants in Satsuma (now Kagoshima) and Aizu (Fukushima). They all spoke with one voice: "Women outsmart men." But since those **unsung Samurai women** never give their names.

The Essence of Bushido

西郷隆盛の家はぼろぼろのあばら家で、雨漏りがしたそうです。とても維新の源流となった男の住まいとは思えないありさまでした。西郷宅に泊まった客人が夫婦の会話を聞いてしまいます。妻が「もう、屋根ぐらいはお直しになってはいかがでしょう」と言うのに対し、西郷は「まだお前は俺の心がわからぬとみえる」とひどく不機嫌であったといいます。財はすべて人に譲ってしまって、本人は質素な生活をしていたのです。西郷の妻は黙って従い、決して夫の体面を傷つけることはなかったそうです。

70
Bushido, life and its culture

文武両道
The pen and the sword

「苦を避けて楽を求める」ことを
戒めましょう。あえて、
ペンも剣も同時に求めるのです。

本物の武道家は、文武両道に長けています。多くのサムライは、王陽明をこよなく愛しました。王陽明は、**文武両道**を唱え、儒教の朱子学から遊離しましたが、彼の思想（陽明学）はじわじわと日本の武士道精神に浸透していきました。

　あえて言えば、陽明学は日本の明治維新にも影響を与えたのです。

Authentic martial artists are well versed in both literacy and military arts. Wang Yang Ming, Chinese military strategist, admired by most Japanese Samurai, stressed the unity of **the pen and the sword**. Though Wang Yang Ming veered from Confucianism, his balanced theory entered the ethos of Bushido in Japan by osmosis. I dare say. His is serendipitously responsible for Japan's Meiji restoration.

The Essence of Bushido

日本人には、思考やシンボルを同時に結びつけて行うハラ（融合力）があります。日本人は、サクラもバラも愛でます。サクラが表であるのに対し、バラが裏にあるというだけのことです。分け隔てはありません。「equal but separate」です。また日本人は、孔子も老子も尊敬します。どちらか一方だけ、ということはありません。同様に、日本人は、ペンも剣も同時に研鑽する文武両道を美徳とし、奨励してきたのです。

71

Bushido, life and its culture

元服
The Samurai rite of passage

13歳から15歳にかけて、
この時期に、少年は「男」になり、
責任を自覚しなければなりません。

13歳は、歴史的に普遍的な、魔法の年齢です。何ものでもない人間が、何ものかになる年齢。行動に責任が伴う年齢。この重要な年齢は、日本の「**元服**」、ユダヤ教のバル・ミツバーといった成人儀礼とも一致しています。

　あるいは、大人の責任をもつべき年齢ともいえます。かつてのサムライでいえば、自らの判断で切腹ができるようになる年齢です。

Thirteen is a universally proven magic age. The age that transforms nobody into somebody. The age that holds the young accountable for their action. This critical age coincides with "Genpuku"; **the Samurai rite of passage** for Japanese and bar mitzvah for Jews. The age might be called the adult age of accountability, if not that of reason.

The Essence of Bushido

新渡戸稲造は13歳のとき、ある人との出会いで開眼しました。英語学校での「N氏」との邂逅です。文学と討論の会で、「N氏」は、「科学（化学、物理学、天文学などの自然科学）の研究が日本では最も欠けている」と雄弁に語りました。それを聞いた新渡戸は、非常に感動し夜も眠れなかったといいます。「私ももうすぐ14歳。これは孔子が学問をはじめてこころざした年齢だ」——学問に目覚めた事件でした。名著『BUSHIDO』誕生の裏側には、新渡戸自身の「元服」も隠されていたのです。

72

Bushido, life and its culture

刎頸の友

Sworn frenemyship

北極と南極ほど異なる
二人のサムライが心の底で通じ合うとき、
とてつもない牽引力を生み出します。

時と場合によっては、不倶戴天の敵同士が一転して盟友になることがあります。私の造語で表せば「frenemyship」（friendship + enemy）です。これはどんな言行よりも美しいもの。まさに**刎頸の友**です。

　不倶戴天の敵とは、進むべき道が果てしなく分かれていくものですが、「frenemyship」は、いわば雑種交配ですから、まったく合わないように見えたとしても、同じ道を進みます。そして驚くべき相乗効果を発揮するのです。

Sworn enemies fuse, if conditions are met, into sworn friends. The beauty of **sworn frenemyship** (my coinage) is better said than done. If sworn enemies are friends of "fission"(as in nuclear), frenemies would produce hybrid vigor. What an amazing fusion!

The Essence of Bushido

「frenemyship」は、西郷隆盛と大久保利通の関係にも見られます。政治家の大久保は、自身の出世のために東京に勢力を伸ばそうとします。「武士の風上にも置けない」と批判もされました。一方の西郷は、不器用で、忠と義を重んじるサムライ。どちらか一方がいなければ、近代日本の実現は不可能だったでしょう。西郷が自害したとき、大久保は男泣きしました。見た目には相反する両極端な二人に見えるのですが、彼らは、強く結びつきあい、お互いを引っ張り上げる間柄だったのです。

73

Bushido, life and its culture

海の気概
Seafaring nation's Samurai spirit

日本は島国。
「勇」「仁」の根源は、
海に囲まれた精神性に見て取ることが
できます。

島国精神は、親密さと開放性の両方を持ち合わせています。島の民は、思いやりをもっている一方で、海から攻撃してくる敵に対しては常に警戒しています。

　しかし、彼らは客人には寛容です。敵でないとわかれば、開放的に迎えます。島の民は、固有の「おもてなし」精神をもっているのです。そのおもてなしの心があれば、無用に敵を作ることもなく、また島を病気や洗脳から守ることもできるのです。武士道とは**海の気概**なのです。

Insularity cuts both ways: closeness and openness. Geologically speaking, islanders are compassionately close-knit and defensively xenophobic. On the other hand, they are open to the visitors from the surrounding sea. The sea nurtues the spirit of "Omotenashi" or open-arm hospitality, indigenous to islanders. Why? Because hospitality is critical for disarming visitors, wishing the host island ill or well. Bushido is the **seafaring nation's Samurai spirit**.

The Essence of Bushido

戦国時代から安土桃山時代にかけて、志摩の国を治めた水軍武将として知られる九鬼嘉隆（くきよしたか）は、「海賊大名」の異名をもつ、海のサムライです。面倒見が良いリーダーで、漁民の間でもすこぶる評判が良かったといいます。すわ出陣となると、櫓をこぐ擬似兵隊として漁民を駆り集めなければなりません。漁民を兵士に育てるための教育機関である「寝屋子（ねやこ）制度」というシステムは、彼が作り上げたのだという説もあります。

74
Bushido, life and its culture

郷土
Samurai are territorial.

サムライは、自分たちの家、
そして郷土のために
血を流す覚悟をもっています。

サムライの使命は、まず第一に防衛です。サムライとしての名誉、祖先、そして郷土を守るのです。生物学的にいえば、地球上のほとんどの種と同様に、サムライの使命は自分たちの「家」を守ることなのです。

　サムライは、藩主、家族、自分たちの村や島のためなら、命を賭しても戦います。決して、イデオロギーを正当化するために戦うのではありません。そこには**郷土**に対する愛があるのです。

Samurai's mission is, first and foremost, defence. The defence of their honor as Samurai warriors who in turn defence their ancestors and their homeland upon their honor. Biologically speaking, their mission, like most species on earth, is territorial, far from being invasive. Samurai are ferociously defencive for their master (feudal lord), their family, their village, their island. Never, ever, do they fight for an ideological justification. **Samurai are territorial**.

The Essence of Bushido

武士道は、国の周囲を海で囲まれた島国日本に育まれた精神性です。武士道を理解するためには、島という特殊性に目を向けなければなりません。島は、境界線がはっきりとした小集団です。島民は互いに寄り添い、集団としての結束を高めながら社会を形成しています。この仕組みこそ村社会です。島国日本は、その地理的要因「村」(島) を共通の意識として歴史を重ねてきたのです。

75

Bushido, life and its culture

刀

The sword

日本刀はサムライの心を映す鏡。
人を殺す殺人剣にもなり、
人を活かす活人剣にもなります。

真のサムライは自分に厳しくなければなりません。たとえ自分の刀の切れ味を試してみたいという欲望が湧き上がったとしても、人間を相手に試し切りをすることは許されません。

　昭和天皇はかつて「一部の軍人は、軍事拡大を正当化するために、平和のためにというリップサービスをする」と嘆きました。そして軍事力が強くなると、その性能を試してみたいと考える者たちもでてきました。しかしそれは武士道の精神、そして兄弟愛に反する行為です。**刀**は武士の「魂」の象徴なのですから。

True samurai must harden their hearts not to let the temptation to test-sword get the better of them. Emperor Hirohito once lamented; Some military men pay lip service to peace to justify military expansion. But when military strength is built up, they can't resist the temptation to flex their military mustle by sword-testing. That goes against the spirit of Bushido and its brotherly love. **The sword** is the symbol of Samurai integrity.

The Essence of Bushido

武士の魂は刀にあります。破邪顕正(はじゃけんしょう)の磁力が備わっており、よこしまで邪悪なものを破り、正義を表します。日本刀は魂(soul)を超えて、霊性(spirit)を駆使します。そして人を裏切らない刀剣は、溺愛する対象にまで化身するのです。

76

Bushido, life and its culture

固定は死

Settle, and you die.

死への恐怖を
おくびにも出さないサムライの覚悟は、
わびさびに通じていました。

「固定は死」という宮本武蔵が好んだとされる言葉を文字通りに英訳すれば、「Riqidity is death.（硬直性は死）」となるでしょう。ところがある日、スティーブ・ジョブズが YouTube で話しているのを聞いて、ハッとしました。彼は、「Don't settle.」と言ったのです。「簡単に折り合いをつけるな」「我慢するな」といったニュアンスでしょうか。

武士道の精神を表現するのは、なかなかやっかいですが、「Don't settle.」とはまさに武蔵の言う「**固定は死**」を表す英語表現だと感服しました。ジョブズにも武士道精神が宿っていたのではないでしょうか。

The literal or word-for-word translation of "Kotei wa shi" is: Riqidity is death. I was intoxicated by my own translation with big words, when I was much younger, and so full of myself. It was not till lately when I heard Steve Jobs say on YouTube: "Don't settle," that I thought to myself: this is it. The simpler, the better. Less is more. This is it. Now I feel humbled in the presence of his immortal message he left behind. **Settle, and you die**.

The Essence of Bushido

死と直面して生きながらも、凛として日常を過ごす、端正な体や言葉のこなし。これこそサムライのあるべき姿でしょう。サムライの覚悟は日ごろの行いに投影されます。常に死を意識しながら生きるからこそ、人々の日常のしぐさや気配りにも敏感になれたのです。

77

Bushido, life and its culture

胆略
Visceral strategy

小手先の戦術を見抜き、
その奥にある相手のハラの内を
読むのです。

政治家や実業家の仕事を見ていると、彼らはリアルを感じ取っているのだろうか、所詮仮想のゲーム感覚なのではないだろうかと思うことがあります。

　サムライは、架空の戦いなどしません。本物の戦いしか想定していないのです。サムライが行うゲームはただひとつ、生死をかけた戦いのみです。終わりはありません。武士道には、メリットとデメリット、生と死といった二分法では測れない、**胆略**（たんりゃく）（大胆かつ緻密な戦略）が必要なのです。

P oliticians and businessmen play games. Samurai, however, think it's beneath them to play games. Because they play for real. Game players tend to think in terms of what's in for them to win in any game of life. The only game Samurai play is the game of death that is never over. Bushido goes beyond advantage-or-disadvantage or life-or-death dichotomy. Samurai viscerally understand this. They must have the **visceral strategy**.

The Essence of Bushido

明治維新十傑の 1 人、横井小楠（よこい・しょうなん）は、国家経営に必要な三是として、「富国」「強兵」「士道」が欠かせない、と言いました。士道とはすなわち武士道です。道（way of life）を、国是や憲法に織り込む施政者は、この地球上では日本しかありません。武士道は日本固有の哲学です。そこには、れっきとした骨太の原理、原則があるのです。

78

Bushido, life and its culture

武士は食わねど高楊枝

Samurai accept less as more.

見栄をはってでも
正直に、誠実に。
虚勢をはってでも
利よりも義をとりましょう。

詐欺師と、その犠牲者。どちらがより儲かるでしょうか。詐欺師のほうです。しかし、正直で誠実な商売を好む日本のビジネスマンなら「絶対に失敗しない人よりも、本気で勝負する人を選びます」と言うでしょう。

日本のサムライ文化です。相手を疑ったり、駆け引きをしたりはしないのです。

まったくお金がなくても「**武士は食わねど高楊枝**」と虚勢をはることもあるでしょう。しかし、失われたお金は、誠実さと信用さえあれば、いつか必ず返ってくるものです。

Which gets more credit, successful con artists or their victims in need of psychiatric help? Con artists. Because they seldom need therapists. Wrong anser. Big-time businessmen in Japan say unanimouisly, "I prefer to bond with the dumb non-gameplayers rather than with shrewd gameplayers who never fail." Why? Because, Japanese Samurai culture blindly follow the principle: honesty pays. Lost money can be earned back, as long as you abide by honesty and trust. **Samurai accept less as more**.

The Essence of Bushido

騙す人はお金で動かされることが多く、物事を短期的に見ようとします。一方「騙したのがバレた結果、信用を失って、恥をかくことのほうが恐ろしい」と考えるのがサムライの意地なのです。

79

Bushido, life and its culture

サムライの泣き所

Samurai's Achilles heal

騙されても、騙すな。
カネに目がくらんで短期的に儲けるよりも、
カネにならなくてもいいから
長期的な信用を選ぶのです。

武士道精神においては、たとえ嘘つきが相手であっても、嘘をつくべきではありません。サムライは、正直さを第一に大事にします。たとえ正直者がバカを見ることになったとしてもです。私の友人の武道家たちに聞くと、みな同意します。「スマートな考えよりも、正直でいたい」。サムライは正直であることを最優先するために、嘘つきにはコロッとやられてしまいます。それが**サムライの泣き所**です。

Samurai put principle (substance) first, skill (style) second, even when honest persons become victims, say poor cuckolds, than wicked cuckoos who took them in. Most martial artists friends of mine agree. "Smart game players or their victims. I'm with the latter. I'm an incurable romantic". Trusting too much is **Samurai's Achilles heal**.

The Essence of Bushido

世界の一部では、短期決戦でカネを稼ぐ詐欺まがいの行為が横行しています。信用（confidence）を逆手にとる「詐欺師（con artists）」が野放図のままです。しかしサムライは「騙されても、騙すな」の意地を貫きます。たとえ財を失っても、長期的な信用を得るために「信」を貫くのです。

80
Bushido, life and its culture

回復力
Resilience

生も死も、苦も楽も背中合わせ。
どちらかに行き過ぎれば、
反対側に振れればいいのです。

クールジャパンが日本を作り変えています。日本のサムライは恐ろしく、打たれ強い戦士になることもありますが、けっして敵の背後から襲いかかることはありません。サムライは敵が最初の一撃をくり出すまで、息を殺して最善の機会をうかがいます。待つことに長けているのです。

　サムライには弱点もありますが、優れた危機管理術を知っています。被害にあったら、どうやって回復すればいいのかを知っているのです。行き過ぎたら、反対側に振ればよい。それがサムライの**回復力**です。

Cool Japan is giving Japan a makeover. Japanese Samurai are fearful couter-punchers. They don't shoot from the hip. They just wait, stalking time, till their opponents punch first. Japanese, good at waiting games, play nice and smart. The Samurai are not necessarily good risk managers, but they are excellent crisis managers. They know how they should manage the consequences after the damage is done. When you go too far, it swings back to the opposite side. It's Samurai's **resilience**.

The Essence of Bushido

弱点を突かれ傷ついたとしても、自分のエゴ（greed）を捨ててしまえば、短期的な痛みなどはすぐに消えます。つまり、自分を愛することをギブ・アップするのです。サムライは、生と死、動と静、苦と楽といったすべての相反するものが、実は背中合わせのひとつのものであると考えます。苦があれば必ず楽がある。そう信じて傷を癒すのです。これが自然治癒力にも似た、武士道の回復力です。

81

Bushido, life and its culture

Resourceful Samurai

サムライも天才も、
環境によって作られます。

日本の最も創造的なサムライの中の将といえば、四十七士を率いた大石内蔵助良雄という名の**天才**でしょう。ピンチはチャンス。ほとんどの天才は、逆境の中から新しいものを創造したのです。環境が天才を作るのです。

　大石内蔵助良雄はある意味で、レオナルド・ダヴィンチのような人物でした。主君の仇をとるという、当時でもいささか古めかしい行為を実行しました。そのためなら「昼行燈」と蔑まれても平気でした。情熱的な芸術家性と、冷静な科学者性を同時に備えていたのです。大石もダヴィンチも、左右の両脳を同時に働かせることができる天才でした。

Ohishi Yoshio, Japan's most creative leader of 47 Ronin was a **Resourceful Samurai**. Crisis is opportunity. Most geniuses are made, not born, of crisis. In a sense, he was like Leonardo da Vinci, a cross between a right-brained artist and a left-brained scientist. Both were mixed-brained geniuses.

The Essence of Bushido

江戸の人々は、心の中で内蔵助率いる浪士たちを応援しました。平和な元禄時代に、忘れ去られていたかに思えた武士道を見いだし、美化したのです。いまこそ武士道の再生かと、夢見たことでしょう。ルネサンスがギリシャ・ローマのロマンの再生とすれば、人々に武士道への目覚めをもたらした大石内蔵助良雄は、まさに天才といえるでしょう。

82

Bushido, life and its culture

面目を取り戻せ

Where has Samurai's self-esteem gone?

かつて武士道を最も恐れたアメリカが、
熱い視線を……。
武士道は散り去ってはいません。

一般にプライドとは、自分自身の成果に対する、自己満足の喜びのことを指します。しかしサムライのプライドとは、自尊心に近いものです。プライドは人に自慢するものですが、自尊心は人に見せるものではありません。

　人知れない自尊心。目には見えない矜持。プライドが金だとすれば、自尊心は銀のように鈍く光る、内に秘めた輝きです。今こそ日本人が、自尊心という名の**面目を取り戻す**ときです。

P ride is a feeling of deep pleasure or satisfaction from one's own achievement. On the other hand, Samurai's pride is closer to self-esteem. While pride can be boastful, self-esteem is too shy and coyly to be visible. "Bushi no ichibun" is to be defended on his sword or on his wig (Chonmage). If pride is golden, self-esteem is silvery. **Where has Samurai's self-esteem gone?**

The Essence of Bushido

多くの企業がリスクを恐れて尻込みする中、ほとんどのサラリーマンが草食動物化しているように見えます。そこには武士道のロマンが感じられません。「武士道が消え去るのでは」という新渡戸稲造の杞憂が現実のものとなろうとしているようです。日本人を雑食動物に再教育すること。それには武士道の見直しと、そのためのカリキュラムづくりが焦眉の急です。

83

Bushido, life and its culture

「ネオ武士道」の誕生

The birth of neo-Bushido

ソウルではなく、
スピリットまで遡って、
私たちのバックボーンを
とらえ直してみましょう。

著名な空手家の大山倍達は、常に「もし宮本武蔵が自分と同じ立場であったら、どうしただろう？」という「WHAT IF」を考え続けました。素手で牛や熊と戦うときにも、「先生ならどうするだろう？」と問い続けていました。二刀流の生みの親である武蔵という師になりきることで、極限状態でのバカ力を発揮したのです。新渡戸稲造による「soul」としての武士道から、同じ武士道でも「spirit」に視点を置き変えてみましょう。そして「WHAT IF」を考え続けることで、**「ネオ武士道」が誕生**するはずです。

Oyama Masutatsu, a Karate champion, always thought WHAT IF. If Musashi-sensei were in misery like me, what would the mentor do? Fighting a bull or a bear with a bare handsnight have been insipired his mentor Musashi, the inventor of the two-swords style. From Bushido as a "soul" of Japan by Nitobe, let's move on to the "spirit" of Japan. Let's shift mental gears, by asking ourselves WHAT IF. The rebirth of Bushido: **the birth of neo-Bushido**.

The Essence of Bushido

魂（soul）は肉体の死とともに消えますが、霊（spirit）は肉体から離れても生き続けます。武士道とは、魂ではなく、霊性ではないでしょうか。なぜなら、日本の歴史とともに、過去から現在、そして未来へとつながっていくものだからです。グローバルが叫ばれる今こそ、武士道を「spirit」という新たな視点でとらえ直し、「ネオ武士道」を見極めなければなりません。それこそが、私たち日本人が世界で生き残るためには必要不可欠なものだからです。

おわりに

　幼いころ、私にとってのヒーローは、西郷隆盛でした。中学校の卒業アルバムのための寄せ書きにも、私がしょっちゅう口にしていた南洲翁遺訓から、「人を相手にせず、天を相手に」と書いたことを覚えています。

　ですから私にとって、武士道をとらえ直すために、西郷の足跡を追うことからはじめたのは、自然な成り行きでした。

　旧薩摩藩（鹿児島県）を皮切りに、桜島、そして西郷が島流しになった奄美大島、沖永良部島にも足を運びました。

　巨大なる自然、常に噴煙を上げる桜島に暮らす人々に、西郷の気概の背景を見ました。島で暮らす人々の生活の中に、サムライのルーツを感じ取りました。

　さらに、何かに誘われるように私の取材旅行は全国に及びました。会津、赤穂、神島（三島由紀夫『潮騒』のモデルとなった島）……。

　そうして私の中で、現在に通じる武士道、いわば「ネオ・ブシドー」が形成されていきました。本書は着想20年、執筆10年にわたり、私の肉体を駆使して書き上げたものです。

「はじめに」に続いて、ここでも映画にふれることをお許しください。

　ジェット・リーが主演する2006年の中国カンフー・アクション映画『スピリット』（原題：霍元甲）のあるシーンを見ると、私は毎回必ず目頭が熱くなり、「これぞ、日本の武士道だ！」と絶叫したくなります。

　この映画は、霍元甲という実在の人物を描いています。近代中

国が生まれた辛亥革命（1911年）の直前に活躍した、中国の伝統武術家です。

ちなみに、霍元甲が最初に天津で武名を挙げたのは、「義和拳の乱」（後に義和団に改名）のころ。まさに新渡戸稲造が『BUSHIDO』を上梓した時期と一致します。

義和拳とは、キリスト教の強引な布教に対する排外主義運動のこと。このころの霍元甲の活躍ぶりは目覚ましく、まさに中国の宮本武蔵でした。

映画の中で、その無敵の男（演：ジェット・リー）と対決するのが、日本人の柔道家、田中安野（演：中村獅童）です。

抗日機運の中で、日本側は無敵の中国の格闘家に勝たせてはまずいと、政治的意図からこっそり霍元甲に毒を盛ります。

毒を飲まされた中国のチャンピオンは、戦いの末、血を吐いてリングの上で倒れます。日本が勝った！　中国は悲しみ、日本の応援団は大喜びで試合会場は沸きかえります。

そのとき、日本を代表するはずの柔道家は気づきます。おかしい。近寄ってみて、相手に毒が盛られていたことを知るのです。

不正があったことを知っていながら、堂々と最期まで戦った敵に美を感じた日本の柔道家は、敗者となった中国人の手を上げ、「この男が真の勝利者だ！」と叫び、自分に挙げられた軍配を譲るのです。

せっかく日本が勝ったのに、と怒る日本人応援団に対し、「日本人は恥を知れ！」と柔道家は一喝します。

これが武士道の美学です。武士道の世界では、たとえ審判に勝者だと判定されても、自らが納得しなければ負けなのです。

客観より主観——武士道でしか考えられない美学がそこにあり

ます。勝敗、生死、国を超越した日本の武士道の極致でしょう。

「日本人は恥を知れ！」
　個人的に、こう言いたくなる場面が日々あることは、非常に残念です。いまこそ日本古来の武士道精神に立ち返り、日本発の豊かで奥深い精神性を取り戻したいものです。
　いえ、取り戻すのではありません。武士道はすでに私たちの中にあるのですから。
　サムライ＝切腹。残忍で、死を求める後進的な民族性。そんな誤解をもつ日本人は、案外多いのかもしれません。違います。武士道精神とは、そんな浅薄なものではありません。
　ぜひ日本人に、武士道の本来の意味を再認識してもらいたい。そして、それを世界へと広げてほしい。
　私の思いは、明治時代に『BUSHIDO』を著した新渡戸稲造に通じるというと大変おこがましいのですが、それだけの気概をもって本書を執筆しました。

　最後になりますが、本書を出版していただくことになったプレジデント社に感謝の意を表します。『速読の英語』という本を出版していただいたのが1980年。時を経て、同じ出版社から「武士道」をテーマにした書籍を刊行できることに、不思議な縁を感じます。ご尽力をいただいた関係者の皆様に満腔の謝意を表してペンを置きます。

2016年2月

　　　　　　　　　　　　　　　　　　松本 空龍（道弘改め）

参考文献

『武士道』新渡戸稲造・著、奈良本辰也・訳／三笠書房

『いま、拠って立つべき"日本の精神"武士道』
新渡戸稲造・著、岬龍一郎・訳／PHP研究所

『五輪書』宮本武蔵・著、渡辺一郎・校注／岩波書店

『Shame And Guilt』June Price Tangney・著、
Ronda L. Dearing・著／Guilford Press

『国家の品格』藤原正彦・著／新潮社

『海の武士道』惠隆之介・著／産経新聞出版

『南洲翁遺訓』西郷隆盛・著、猪飼隆明・訳・解説／角川学芸出版

『葉隠（上・中・下）』和辻哲郎・校訂、古川哲史・校訂／岩波書店

『空手バカ一代』梶原一騎・原作、つのだじろう・画、影丸譲也・画／講談社

『不動智神妙録』沢庵宗彭・著、池田諭・訳／徳間書店

『永遠のゼロ』百田尚樹・著／太田出版

『菊と刀』ルース・ベネディクト・著、長谷川松治・訳／社会思想社

『風土』和辻哲郎・著／岩波書店

Index

あ
- 海女たちの情【Female divers' empathy】— 152
- 生きる【Living on, dead or alive】— 94
- 潔さ【Graceful acceptance of death】— 90
- 海の気概【Seafaring nation's Samurai spirit】— 162

か
- 回復力【Resilience】— 176
- 火山と母性【Volcanic motherhood】— 148
- 刀【The sword】— 166
- 眼力【The power of the eye】— 126
- 義【Rectitude】— 16
- 気合【The art of Kiai】— 86
- 気概【Spirit】— 40
- 究論【Heuristic debate】— 114
- 元服【The Samurai rite of passage】— 158
- 行【Uninturrupted practice】— 70
- 郷土【Samurai are territorial.】— 164
- 空気【Pheromone】— 80
- 心がまえ【Spiritual backbone】— 14
- 志【Noble mission】— 136
- 克己【Self-control】— 98
- 固定は死【Settle, and you die.】— 168

さ

- サムライの妻【Unsung Samurai women】——154
- サムライの泣き所【Samurai's Achilles heal】——174
- 残心【Open attention】——100
- 塩【Saltiness】——76
- 士気【Morale】——64
- 死生観【Life and death as two sides of a coin】——92
- 質実剛健【Chivalrous spirit】——78
- 修練【Practice. Practice. And practice.】——68
- 術は道を求めよ【Seek the principle in techniques.】——96
- 仁【Compassion】——22
- 推譲(すいじょう)【Mutual give】——50
- 崇高なる使命【The noble mission】——24
- 正義【Win-win-win justice】——20
- 誠実な謝罪【Sincere apology】——138
- 清濁併せ呑む【Stomach it】——110
- 静中動あり【Tranquility pregnant with explosiveness】——120
- 世間の目【Other people's eyes】——82
- 切腹【Seppuku: The freedom of Bushido】——88
- ゼロ【Zero to one】——84
- 惻隠(そくいん)の情【Empathic feelings】——44

た

- 胆略(たんりゃく)【Visceral strategy】——170
- 知と情【Information and intelligence】——142

た

- 忠義【Serving the master】— 28
- 中庸【The golden mean】— 140
- 敵に塩を送る【Send salt to the enemy line.】— 46
- 敵になる【Becoming your enemy】— 130
- 天才【Resourceful Samurai】— 178
- 道(どう)【Moral compass】— 66
- 徳【Magnet】— 30
- 独行道(どっこうどう)【Self-reliance】— 74
- 共生(ともいき)【Symbiosis】— 18

な

- 二心を抱かない【No double mind, no double tongue.】— 116
- 逃げない【Fearlessness】— 128
- 忍【Perseverance】— 38
- 「ネオ武士道」の誕生【The birth of neo-Bushido】— 182
- ノブレス・オブリージュ【Noblesse oblige】— 60

は

- 敗者は潔く【Lose gracefully】— 102
- 恥を恐れない【Living with shame】— 122
- ハラ【The gravitational center】— 106
- ハラで聞く【Listen from the center】— 112
- 腹八分目【Less is more】— 108
- 品性【Humility】— 134
- 武士道精神【Samurai's integrity】— 12

	武士に二言はない【My word is my bond.】	34
	武士の情け【A face-saving out】	48
	武士は食わねど高楊枝【Samurai accept less as more.】	172
	武道とスポーツ【Martial arts and sports】	42
	刎頸の友【Sworn frenemyship】	160
	文武両道【The pen and the sword】	156
	母性【Motherhood】	150
	母性的な陰徳【Good Samaritans with mothers' love】	54
ま	誠【Sincerity】	32
	無我【Selflessness】	124
	無私【One in All, All in One】	58
	無条件の愛【Unconditional love】	56
	無心【No mind】	132
	名誉と恥【Honor and shame】	36
	面目を取り戻せ【Where has Samurai's self-esteem gone?】	180
	もったいない【Mottainai-stoicism】	52
や・ら	山ごもり【Hiding out deep in the mountain】	72
	両極を併せ持つ【Bipolarity of Bushido】	118
	礼【Disciplined politeness】	26
	霊性【Spirituality】	144

著者プロフィール

松本道弘
まつもと・みちひろ

1940年大阪府豊中市生まれ。関西学院大学卒業。日商岩井、アメリカ大使館同時通訳者、日興証券、NHK教育テレビ「上級英語」講師などを歴任、世界初の英語による異文化コミュニケーション検定「ICEE」を開発。日本にディベートを広めたことでも知られる。現在、国際ディベート学会会長。インターネットテレビ「NONES CHANNEL」で「『GLOBAL INSIDE』〈旧題・『TIME』を読む〉」に出演。私塾「紘道館」館長。著書は『速読の英語』『速聴の英語』(プレジデント社)、『中国人、韓国人、アメリカ人の言い分を論破する法』(講談社)、『ネイティブが使う1秒英会話「音読篇」』(たちばな出版)、『同時通訳』(角川学芸出版)、『オバマの本棚——人を動かす言葉の裏に膨大な読書あり』(世界文化社)など、約150冊。

超訳 武士道
グローバル時代の教養を英語と日本語で学ぶ

2016年4月5日　第1刷発行

著者	松本道弘
発行者	長坂嘉昭
発行所	株式会社プレジデント社
	〒102-8641 東京都千代田区平河町2-16-1
	平河町森タワー13階
	編集 (03) 3237-3732　販売 (03) 3237-3731
	http//www.president.co.jp/
協力	安部毅一
構成	横山愛麿
編集	岡本秀一
制作	関 結香
販売	桂木栄一、高橋 徹、川井田美景、森田 巌、遠藤真知子、塩島廣貴、末吉秀樹
装幀	草薙伸行 ●PlanetPlan Design Works
印刷・製本	株式会社三秀舎

©2016 Michihiro Matsumoto　ISBN978-4-8334-2168-3
Printed in Japan
落丁・乱丁本はお取り替えいたします。